Josef Högemann

Schmalspurbahn Mosbach — Mudau

Nebenbahndokumentation

Band 5

Verlag Kenning

Inhalt

Vorgeschichte und Bau
4   Verkehrsprobleme im südlichen Odenwald
4   Erste Projekte
6   Vering & Waechter übernimmt Bau und Betrieb der staatlichen Nebenbahn Mosbach – Mudau

Schmalspurbetrieb unter privater Führung
9   Die Fahrordnung
11 Das Eisenbahnunglück vom 9.4.1912
14 Die Schmalspurbahn in der Krise

Die Mosbach-Mudauer Bahn als Staatsbahnstrecke
18 Die Deutsche Reichsbahn übernimmt den Bahnbetrieb
18 Mosbach – Mudau als Bestandteil der DB
30 Modernisierungsmaßnahmen

Das Ende der Meterspurbahn Mosbach – Mudau
35 Das Beförderungsaufkommen geht zurück
40 Die Stillegung

Von Mosbach nach Mudau
45 Streckenbeschreibung

Die Fahrzeuge des „Odenwald-Express"
64 Die Dampfloks 99 7201-7204
70 Die Fairlie-Lok 99 162 aus Sachsen
72 Die Lok 99 291
75 Die Dieselloks der Baureihe V 52
77 Wagenlisten

Herausgeber:

Verlag Kenning – Hermann-Löns-Weg 4, D-48527 Nordhorn, Tel. 05921/76996 + 77967, Fax 77958

ISBN 3-927587-79-6

Druck und Verarbeitung: B.o.s.s Druck und Medien GmbH, Kleve

Copyright 1997 by Verlag Kenning (Nordhorn). Alle Rechte, auch das des auszugsweisen Nachdrucks, der fotomechanischen Reproduktion (Foto- oder Mikrokopie) und das der Übersetzung vorbehalten.

Titelfoto: Nur noch wenige Betriebstage verblieben dem Odenwald-Express, als am 27. Mai 1973 die Aufnahme eines Leerreisezuges nach Mosbach im Bahnhof Mudau entstand. *Foto: Evert Heusinkveld*
Rückseite: Lok 99 7203 vor Sattelbach am 18. September 1963. Ein Jahr später endete der Dampflokeinsatz auf der Meterspurbahn Mosbach – Mudau. *Foto: Rolf Hahmann*

Vorwort

20 Jahre ist es nun her, daß auf der Meterspurbahn Mosbach — Mudau der letzte Zug fuhr, doch das „Bembele", wie sie allgemein genannt wurde, ist nicht aus der Erinnerung der Bevölkerung gewichen. Die Bahntrasse dient heute als „Wanderbahn" und man kann noch leicht nachvollziehen, wo und wie einst die kleinen C-Kuppler ihre schwere Last auf die Odenwaldhöhen schleppten.

Angefangen hatte alles mit dem Kampf der Gemeinde Mudau um einen Eisenbahnanschluß. Verschiedene Projekte wurden miteinander verglichen und — was das größte Problem war — Finanzierungsmöglichkeiten untersucht. Alles mußte äußerst sparsam ausgeführt werden und so wählte man zwangsläufig die Meterspur. Die Bahn war von Beginn an als Staatsbahn vorgesehen, doch die Badische Staatsbahn war keineswegs bereit, eine Schmalspurbahn zu betreiben. So übertrug sie den Bau und Betrieb der Firma Vering & Waechter und stellte beträchtliche Finanzmittel zur Verfügung. Da aufwendige Erdarbeiten und Brückenbauwerke auszuführen waren, zog sich der Bau über zweieinhalb Jahre hin.

Mit der Eröffnung der Bahn im Juni 1905 begannen auch schon die Probleme; denn die weitere Entwicklung des Betriebes war stets geprägt vom Überlebenskampf am Rande des Existenzminimums. Da die Reichsbahn nicht mehr gewillt war, den Betriebsverlust zu tragen, übernahm sie 1931 die Betriebsführung in Eigenregie. Damit endete das in Baden einmalige Experiment Staatsbesitz/Privatbetrieb.

Doch das weitere Dasein der Meterspur blieb ein Leidensweg. Hätten es die Straßenverhältnisse damals zugelassen, so wäre die Bahn schon viel früher eingestellt worden. Einen letzten Versuch zur Rettung der Bahn gab es seitens der Landesregierung Mitte der 60er Jahre, als mit Landesmitteln zwei neue Diesellokomotiven und fünf neue Reisezugwagen beschafft wurden, doch gleichzeitig mit Indienststellung der Fahrzeuge verlagerte die DB den Personenverkehr weitgehend auf Busse und beließ lediglich ein Zugpaar. Mit diesem Fahrplan war die baldige Stillegung der Meterspurbahn absehbar und blieb über viele Jahre hinweg als Dauerthema im Gespräch.

Ein für die DB willkommener Anlaß, sich den erbitterten Protesten seitens der Bevölkerung, Wirtschaftstreibenden und Verwaltungen zu widersetzen und den Stillegungsantrag zu stellen, war die geplante Elektrifizierung der Strecke Neckarelz — Würzburg, der das Überführungsbauwerk der Schmalspurbahn im Weg war. Im Frühjahr 1973 fuhr schließlich zwischen Mosbach und Mudau der letzte Zug.

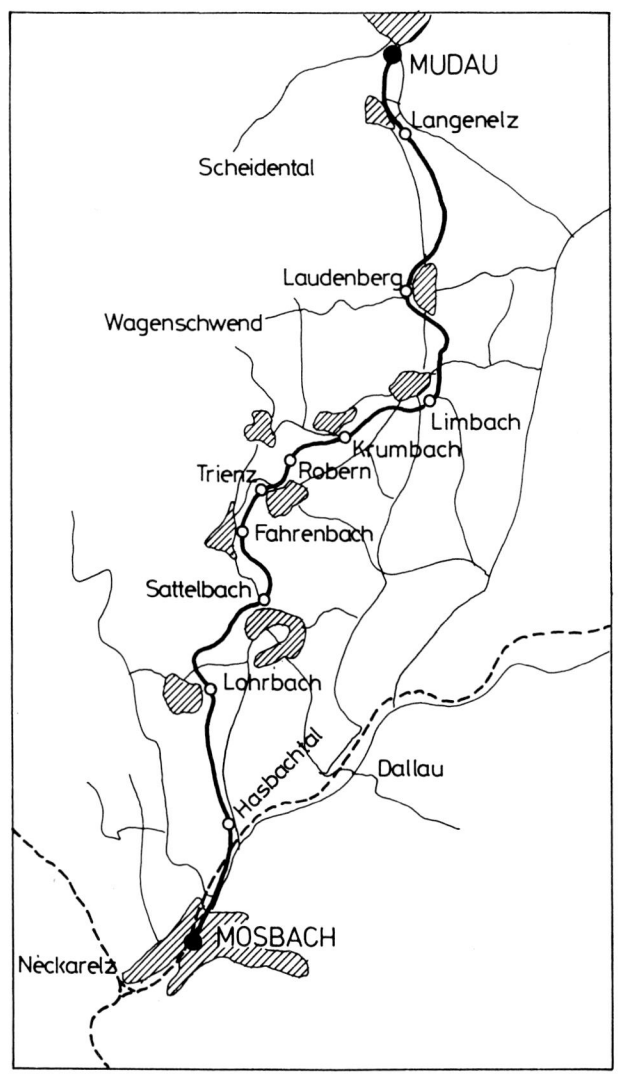

Vorgeschichte und Bau der Nebenbahn Mosbach — Mudau

Verkehrsprobleme im südlichen Odenwald

Im Norden des Großherzogtums Baden hatte das Eisenbahnzeitalter am 23. Oktober 1862 mit der Inbetriebnahme der Strecke Heidelberg — Meckesheim — Neckarelz — Mosbach begonnen. Vier Jahre später, am 25. August 1866, fuhren die Züge erstmals über Mosbach hinaus bis Osterburken und am 1. November 1866 konnte der durchgehende Eisenbahnverkehr zwischen Heidelberg und Würzburg aufgenommen werden. Damit war ein überregionaler Schienenweg entstanden, der gleichzeitig aber auch zahlreichen Ortschaften im nördlichen Baden eine Verbesserung der Verkehrsverhältnisse brachte.

Mehr als zehn Jahre vergingen, bevor in Nordbaden weitere Eisenbahnprojekte zur Ausführung kamen. Mit einer Hauptbahn von Neckargemünd über Eberbach — Neckarelz nach Jagstfeld wurde das Neckartal erschlossen. Mit der Aufnahme des planmäßigen Zugverkehrs am 24. Mai 1879 war der Bau der wichtigsten Fernverbindungen in Baden weitgehend beendet.

Das bis 1880 entstandene Netz der Badischen Staatsbahnen hatte vor allem im Bereich des südlichen Odenwaldes kaum eine nennenswerte Flächenerschließung bewirkt, so daß zahlreiche Gemeinden, denen der Schienenstrang bislang versagt geblieben war, mit Nachdruck weitere Eisenbahnstrecken forderten. Die ständigen Klagen aus dem nordbadischen Grenzgebiet veranlaßten die Badischen Staatsbahnen schließlich zum Bau der 19,3 km langen Seitenlinie Seckach — Buchen — Walldürn, die am 1. Dezember 1887 dem öffentlichen Verkehr übergeben werden konnte. Eine weitere Eisenbahnverbindung durch den Odenwald war bereits einige Jahre zuvor zustande gekommen. Mit Wirkung vom 1. Juni 1882 hatte die Hessische Ludwigsbahn den Zugverkehr zwischen Erbach und Eberbach aufgenommen. Im Zusammenhang mit bereits Jahre zuvor erbauten Teilstrecken vermittelte die neue Bahnlinie eine durchgehende Verbindung von Eberbach durch den Odenwald nach Hanau bzw. Darmstadt.

Auch nach dem Bau der beiden Odenwaldstrecken wollten die Forderungen nach weiteren Eisenbahnlinien nicht enden. Vor allem das Dreiländereck im Bereich der badischen Grenze zu Hessen und Bayern entbehrte einer brauchbaren verkehrlichen Anbindung. Nicht ohne Grund hatte dieser Raum im Volksmund den Namen „Badisch-Sibirien" erhalten. Der zunehmenden Abwanderung sowie einem weiteren wirtschaftlichen Niedergang zahlreicher Odenwaldgemeinden wollte man keinesfalls tatenlos zusehen. So bildeten sich nach 1890 mehrere Interessenverbände, die sich einen Anschluß ihrer Gemeinden an das Eisenbahnnetz zum Ziel gesetzt hatten.

Erste Projekte

Auch um die Odenwaldgemeinde Mudau herum hatten sich verschiedene Interessenten für den Bau weiterer Eisenbahnstrecken stark gemacht. Es bildeten sich zwei Gruppen, die recht unterschiedliche Ziele verfolgten. Einig war man sich lediglich darüber, daß Mudau zum Zentrum einer neu zu errichtenden Eisenbahnlinie werden müsse. Eines der beiden Eisenbahnkomitees trat für eine Querverbindung von Eberbach über Mudau nach Buchen ein. Mit zahlreichen Berichten und einem entsprechenden Gutachten hatte man in den Tageszeitungen wiederholt auf sich aufmerksam gemacht. Den Plänen zufolge sollte eine 46 km lange Schmalspurbahn mit insgesamt 15 Stationen einschließlich der beiden Bahnhöfe Eberbach und Buchen entstehen, um 28 Ortschaften mit zusammen 16.000 Einwohnern den langersehnten Eisenbahnanschluß zu verschaffen. Die Ausführung in schmaler Spur war dabei umstritten, doch sie ließ sich aus topografischen und finanziellen Gründen kaum umgehen.

Die andere Seite hingegen propagierte eine Stichbahn von Mosbach nach Mudau und konterte vor allem mit dem Argument, daß eine derartige Linienführung den Odenwaldgemeinden weit mehr dienlich sein würde als das Eberbach-Mudau-Buchener Projekt, zumal in den Bereichen Eberbach und Buchen ohnehin schon ein Teil der zitierten 16.000 Menschen durch vorhandene Eisenbahnlinien bedient würde. Ein entsprechendes Gutachten sollte diesem Vorhaben Nachdruck verleihen. Als Gutachter wurde der Freiburger Eisenbahningenieur Köckert, Mitarbeiter des Berliner Eisenbahnbau- und Betriebsunternehmens Vering & Waechter, bestellt, der aus Kostengründen ebenfalls für eine Ausführung in schmaler Spur plädierte. Nach seiner Einschätzung war mit einem Baupreis von etwa 55.000 Mark pro Kilometer Schmalspurstrecke zu rechnen.

Mit zahlreichen Unterlagen und guten Argumenten versuchten nun beide Parteien, ihr jeweiliges Eisenbahnprojekt bei der II. Kammer des Großherzogtums Baden durchzusetzen. Nach eingehender Prüfung der Anträge wurde allerdings schon bald eine Tendenz zugunsten einer Streckenführung von Mosbach nach Mudau deutlich. In einem Bericht der II. Kammer vom 8. Juli 1898 war unter anderem folgendes zu lesen:

„Die Regierung glaubt im übrigen, daß das Hauptbedürfnis der Gegend durch die Erbauung einer Stichbahn bis Mudau vorläufig befriedigt sein dürfte, und die weitere Frage, ob die Linie bis Buchen weitergeführt werden solle, füglich der Zukunft überlassen werden könne. Aus dem vorhandenen Material hat die Großh. Regierung die Ansicht gewonnen, daß die Eberbacher Linie wegen des schwierigen Aufstiegs, besonders aber wegen der Schwierigkeiten, welchen man beim Anschluß in Eberbach begegnet, kostspieliger sein wird, als die Mosbacher Linie. Übrigens behält sich die Großh. Regierung, die vom Verkehr einer solchen Linie nicht viel erwartet, deren einziges Interesse vielmehr darin besteht, die wirthschaftlichen Verhältnisse der Gegend zu heben, vor, die Fragen:
1) welcher Linie der Vorzug zu geben sei,
2) ob dieselbe von einem Privatunternehmer, wenn sich ein solcher findet, oder vom Staat gebaut werden solle, eingehend zu prüfen.

Ihre Kommission sprach sich übereinstimmend dahin aus, daß der Bevölkerung des Odenwaldes in Anbetracht der besonders gedrückten wirthschaftlichen Lage, in welcher sich dieselbe befindet, die möglichste Berücksichtigung zu Theil werden müsse, und wenn der Gegend durch Erschließung mittelst einer Eisenbahn geholfen werden könne, keine Opfer gescheut werden sollten, die bezüglich der wirthschaftlichen Hebung dieses Landestheiles Erfolg versprechen. Über die größere oder geringere Berechtigung des einen oder anderen der angestrebten zwei Bahnprojekte kann sich die Kommission erst dann äußern, wenn seitens der Großh. Regierung eingehende und gründliche technische Erhebungen gemacht worden sind."

Im März 1901 wurde ein Gutachten abgeschlossen, das die Bauwürdigkeit der beiden Bahnprojekte Mosbach – Mudau und Eberbach – Mudau untersuchte. Demnach wurde die Bahn Eberbach – Strümpfelbrunn – Mudau – Buchen als nicht bauwürdig erachtet und konnte vom wirtschaftlichen Gesichtspunkt her nicht empfohlen werden. Die Verfechter der Eberbacher Linie wollten sich nicht mit einer Nebenbahn nach Mudau begnügen, sondern strebten vielmehr eine 2. Odenwaldbahn von Eberbach über Buchen und Walldürn nach Tauberbischofsheim an. In den Untersuchungen wurden schließlich zwei Projekte gegenübergestellt:

1. Linie Eberbach – Mudau:
Die Linie sollte von Eberbach in großen Windungen und stetigen Steigungen von 1:40 nach dem 15 km entfernten Schollbronn und weiter in geringeren Steigungen nach Oberdielbach und Strümpfelbrunn führen, um dann in geringem Gefälle über Mülben, Wagenschwend, Bals-bach, Unter- und Oberscheidenthal, Auerbach und Schlessau nach Mudau führen. Während die Straßenverbindung Eberbach – Mudau nur 22 km beträgt, hätte die Bahn eine Länge von 38 km aufgewiesen. Die Bahn hätte ein Verkehrsgebiet erschlossen, das von 7.844 Einwohnern bewohnt wurde.

Als Normalspurbahn hätte die Bahn einen Kostenaufwand von 6.625.000 Mark (174.000 Mark/km) erfordert, zuzüglich der Kosten für die Einführung der Bahn in den Bahnhof Eberbach.

2. Linie Mosbach – Mudau:
Die Bahn sollte auf der östlichen Seite des Bahnhofs Mosbach abzweigen, 27 km lang sein und eine ziemlich gestreckte Richtung erhalten. Sie sollte die Orte Lohrbach, Sattelbach, Fahrenbach, Trienz, Krumbach, Limbach, Laudenberg, Langenelz und Mudau berühren und somit ein Verkehrsgebiet mit 8.540 Einwohnern erschließen.

Die Entfernung zwischen Mosbach und Mudau auf der Straße (24 km) unterschied sich kaum von der Bahnlänge. Gegengefälle und verlorene Steigungen kamen auf der ganzen Linie nicht vor und die stärkste Steigung von 1:40 erstreckte sich auf zusammen 8 km, d.h. auf etwa 1/3 der Bahnlänge. Die Bahnbaukosten wurden in Normalspurausführung auf 4.020.000 Mark (148.500 Mark/km) geschätzt.

Vor allem die niedrigeren Baukosten, der geringere Bauaufwand und die größere Bevölkerungsdichte sprachen schließlich für das Mosbach-Mudauer Projekt und so stellte die Kommission heraus, daß der Staat den Bau einer Bahn Eberbach – Mudau auf Rechnung des Staates als ausgeschlossen betrachte. Das Gutachten schloß mit der Feststellung:

„Anders verhält es sich mit der Linie Mosbach – Mudau. Diese halten wir für möglich, wenn man sich darauf beschränkt, sie als Schmalspurbahn in thunlichst einfacher Weise zur Ausführung zu bringen. Eine solche würde den Verhältnissen vollkommen genügen, da ein Verkehr

von Massengütern in erheblichem Umfang hier nicht zu erwarten ist. Es würden die Baukosten hierfür nur etwa 2 – 2,5 Millionen Mark betragen. Bei dem geringen Verkehr und der Armuth der betreffenden Gegend wäre zwar an eine Rente aus dem Anlagekapital nicht zu denken, doch erscheint es wahrscheinlich, daß die Betriebseinnahmen die Betriebskosten wenigstens annähernd decken dürften."

In der Ausgabe vom 24.10.1901 des „Mosbacher Volksblattes" war zu lesen: *„Der Bürgerausschuß hat in seiner gestrigen Sitzung den Antrag auf Genehmigung von 20.800 Mark als Beitrag zur Geländeerwerbung für die zu erbauende Lokal-Eisenbahn Mosbach – Mudau mit 41 gegen 7 Stimmen genehmigt. Dieser Betrag entspricht 13 Prozent der Gesamtsumme, welche notwendig ist zum Ankauf des Geländes.*

Bis jetzt haben alle in Betracht kommenden Gemeinden zirka 160.000 Mark für Geländeerwerbung bewilligt. Durch diesen Schritt unserer Bürgervertretung hat das schon so lange angestrebte Projekt einer Eisenbahn durch den tieferen Odenwald, der ja – wie wohl kaum ernstlich bestritten werden wird – schon von Anbeginn der Eisenbahn-Ära deren Stiefkind war, greifbare Gestalt angenommen, umsomehr als die Großh. Regierung vor kurzem die amtliche Nachricht hat hierher gelangen lassen, daß nicht das Eberbacher, sondern das Mosbacher Projekt Aussicht auf staatliche Subvention habe.

Wenn schon wir Odenwälder sehr gewünscht hätten, durch eine Staatsbahn wenigstens einigermaßen für die früher begangenen Eisenbahnsünden entschädigt zu werden, so sind wir vorerst doch mit dem Erreichten zufrieden in der Erwartung, daß auch eine Lokalbahn unserer Landesgegend zum Heil und Segen gereiche.

Nach Äußerungen der Regierungsvertreter ist eine Vorlage der Regierung an die Landstände zur Genehmigung eines einmaligen Bauzuschusses von zirka 2,5 Millionen Mark mit Bestimmtheit zu erwarten, so daß, wenn sonst alles klappt, in etwa zwei Jahren die Eisenbahn auch unseren Landesteil durchkreuzt."

Schon bald fiel die endgültige Entscheidung zugunsten einer Schmalspurbahn von Mosbach nach Mudau. Am 22. Februar 1902 meldete die „Badische Neckarzeitung", daß der Gesetzentwurf betreffend einer Bahn Mosbach – Mudau von der Kommission „mit allen gegen 1 Stimme" angenommen wurde. Die II. Kammer verabschiedete schließlich in ihrer Sitzung am 23. Juli 1902 das Mosbach-Mudauer Projekt per Gesetz.

Vering & Waechter übernimmt Bau und Betrieb der staatlichen Nebenbahn Mosbach – Mudau

Die topografischen Verhältnisse sowie die geringe Bevölkerungsdichte im südlichen Odenwald ließen im Zusammenhang mit den beiden Eisenbahnprojekten Eberbach – Mudau – Buchen und Mosbach – Mudau eine Ausführung in Regelspur nahezu ausscheiden. So mußte man sich, wollte man möglichst bald in den Genuß einer Eisenbahn kommen, mit einer Schmalspurbahn mit einer Spurweite von 1000 mm zufrieden geben. Stellte man die Baukosten einer Regelspurstrecke denen einer Schmalspurbahn gegenüber, dann war bei einer regelspurigen Ausführung mit dem doppelten Betrag zu rechnen.

Für die Badischen Staatsbahnen war die Entscheidung zugunsten der schmalen Spur mit einigen Schwierigkeiten verbunden, hatte man doch mit derartigen Strecken bislang noch keinerlei Erfahrung sammeln können. Außerdem stand kein passendes Rollmaterial zur Verfügung. Man trat daher an die Berliner Firma Vering & Waechter heran, um diesem Unternehmen sowohl den Bau der Strecke Mosbach – Mudau als auch deren Betrieb pachtweise zu übertragen.

Die Firma Vering & Waechter war am 3. November 1885 von Kommerzienrat C. Vering und Baurat C. Waechter gegründet worden und galt als anerkanntes Unternehmen in der Eisenbahnbranche. Ihr Betätigungsfeld lag hauptsächlich in den Bereichen Neben- und Industriebahnen, in Preußen aber auch im Sinne des Kleinbahngesetzes im Bereich schmal- und regelspuriger Kleinbahnen. Auch im süddeutschen Raum wurden mehrere Bahnen betrieben, die von einem technischen Büro in Freiburg betreut wurden. Unter anderem betrieb das Unternehmen die 750-mm-Strecke Möckmühl – Dörzbach.

Am 21. Oktober 1902 kam es zwischen dem Großherzoglich Badischen Ministerium und der Firma Vering & Waechter zum Vertragsabschluß. Dem Vertragstext zufolge sollte die Bahn in Staatseigentum verbleiben, während der Betrieb von dem privaten Eisenbahnbau- und Betriebsunternehmen gegen eine jährliche Pachtsumme von zunächst 100 Mark durchzuführen war. Diese Lösung stellte seinerzeit in Baden eine Besonderheit dar, war die Schmalspurbahn Mosbach – Mudau doch die einzige Strecke in Staatseigentum, die von einer Privatfirma betrieben wurde. Vertragsgemäß war der badische Staat in keiner Weise verpflichtet, ein mögliches Defizit durch Zuschüsse auszugleichen.

Anfang des Jahres 1903 wurde mit dem Bau der 27,5 km langen Nebenbahn begonnen. Am 17.3.1903 meldete die Tageszeitung:

„Da im Laufe dieses Frühjahrs noch mit dem Bau der Bahn begonnen werden

soll, fordern wir diejenigen Eigentümer, deren Grundstücke nach den ausgesteckten Profilen von der Bahn berührt werden, auf, den in das Bahngebiet fallenden Teil des Grundstücks nicht mehr anbauen und vorhandene Bäume oder Sträucher, soweit möglich, versetzen zu wollen."

Am 26.3.1903 war in der gleichen Zeitung zu lesen:

„Die Bahngesellschaft hat mit den für die Grunderwerbsverhandlungen nach Paragraph 29 des Enteignungsgesetzes vom 26. Juni 1899 erforderlichen Absteckungen, Profilierungen und Anschlägen für die erforderlichen Änderungen an den bestehenden Wegen und Wasserläufen begonnen.

Wir weisen daher darauf hin, daß nach Paragraph 4 des genannten Gesetzes die Besitzer der Grundstücke verpflichtet sind, diejenigen Handlungen, welche zur Vorbereitung des Bahnbaues erforderlich sind, zu dulden, und daß es untersagt ist, die zur Absteckung der Bahnanlage verwendeten Pfähle, Profile und Tafeln irgendwie zu beschädigen oder zu entfernen."

Als Baukapital sowie für die Ausrüstung der Bahn mit Fahrzeugen usw. wurden entsprechend einem Kostenvoranschlag insgesamt 2.240.000 Mark von der staatlichen Schuldenverwaltung bereitgestellt, die gemäß Baufortschritt als Abschlagszahlungen zu je 20.000 Mark an die Firma Vering & Waechter ausgezahlt wurden. Die Endabrechnung sollte nach der Betriebsaufnahme erfolgen.

Die Arbeiten schritten zügig voran und man plante die Eröffnung bereits für den Dezember 1904. Nach witterungsbedingten Dammrutschungen mußte der Termin jedoch auf das Frühjahr 1905 verschoben werden.

Einige Tage vor der offiziellen Inbetriebnahme der neuen Bahn fanden erste nichtöffentliche Zugfahrten statt. So verkehrte im Rahmen der Eröffnungsfeierlichkeiten am 31. Mai 1905 ein Sonderzug mit geladenen Gästen von Mosbach nach Mudau und zurück, den die Tageszeitung so ankündigte:

„Den Eröffnungsfeierlichkeiten am nächsten Mittwoch wird, nach einem gestern hier eingetroffenen Schreiben aus dem Geh. Kabinet, auch seine Königliche Hoheit der Erbgroßherzog anwohnen. Die Nachricht wird von der Bevölkerung der an der Bahn liegenden Orte gewiß mit großer Freude aufgenommen werden. Se. Königliche Hoheit der Großherzog wird nicht erscheinen. Der Erbgroßherzog wird mit dem Schnellzug 11.07 Uhr hier eintreffen und nach Einnahme einer ihm im Bahnhof dargebotenen Erfrischung alsbald den Sonderzug nach Mudau besteigen.

11.07 Uhr vormittags: Empfang der auswärtigen Gäste auf dem Bahnhof in Mosbach und Darbietung einer Erfrischung (kaltes Buffet) in den Warteräumen des Bahnhofes.

11.45 Uhr vormittags: Abfahrt des Festzuges auf der neuen Bahn von Mosbach nach Mudau. Zur Begrüßung durch die Gemeindevertreter ist auf den größeren Stationen in Lohrbach, Fahrenbach, Limbach und Laudenberg ein Aufenthalt von je 6 Minuten und auf den kleineren Stationen in Sattelbach, Trienz, Robern, Krumbach und Langenelz ein Aufenthalt von je 3 Minuten beabsichtigt.

1.48 Uhr nachmittags: Ankunft auf der

Für die Beschotterung des Bahnkörpers verkehrten Ende des Jahres 1904 zahlreiche Arbeitszüge, wie diese an der Lohrbacher Mühle entstandene Aufnahme zeigt.
Foto: Sammlung Reinhard Wolf

Fahrplan (gültig vom 3. Juni 1905 ab)

Richtung Mosbach–Mudau				Stationen		Richtung Mudau–Mosbach			
2	4	6	8	Zug №	Zug №	1	3	5	7
2.–3.	2.–3.	2.–3.	2.–3.	Klasse	Klasse	2.–3.	2.–3.	2.–3.	2.–3.
8.02	11.25	2.05	7.25	ab Mosbach	an	6.45	9.37	1.00	6.15
8.12	11.35	2.15	7.35	„ Haßbachtal	ab	6.36	9.28	12.51	6.06
8.25	11.48	2.28	7.48	„ Lohrbach i. Baden	„	6.24	9.16	12.39	5.54
8.40	12.03	2.43	8.03	„ Sattelbach	„	6.11	9.03	12.26	5.41
8.50	12.13	2.53	8.13	„ Fahrenbach	„	6.00	8.52	12.15	5.30
8.56	12.19	2.59	8.19	„ Trienz	„	5.52	8.44	12.07	5.22
9.01	12.24	3.04	8.24	„ Robern	„	5.47	8.39	12.02	5.17
9.07	12.30	3.10	8.30	„ Krumbach i. Baden	„	5.41	8.33	11.56	5.11
9.17	12.40	3.20	8.40	„ Limbach i. Baden	„	5.32	8.24	11.47	5.02
9.27	12.50	3.30	8.50	„ Laudenberg	„	5.22	8.14	11.37	4.52
9.41	1.04	3.44	9.04	„ Langenelz	„	5.07	7.59	11.22	4.37
9.47	1.10	3.50	9.10	an Mudau	„	5.00	7.52	11.15	4.30

Endstation Mudau. Daselbst Begrüßung durch die Gemeindevertretung und Gang in die Stadt.

2.30 Uhr nachmittags: Gemeinschaftliches Festessen im Gasthof z. Krone in Mudau.

5.10 Uhr nachmittags: Rückfahrt des Festzuges von Mudau nach Mosbach mit kurzem Aufenthalt auf den Zwischenstationen zum Aussteigen der daselbst wohnenden Festgäste.

6.55 Uhr abends: Ankunft in Mosbach zum Anschluß an den um 7.05 Uhr nach Heidelberg abgehenden Schnellzug der Gr. Staatseisenbahnen."

Ab 1. Juni 1905 wurde der Alltagsbetrieb geprobt. Vier Zugpaare waren gemäß Dienstvorschrift zu fahren. Die Schaffner hatten ordnungsgemäß den Fahrtbericht zu führen, während das jeweilige Stationspersonal für eine korrekte Vormeldung der Züge zu sorgen hatte. Reisende durften während der Erprobungsphase nicht mitgenommen werden, die Ausnahme bildeten lediglich dienstfreie Beamte mitsamt ihren Familien, denen während dieser Tage die kostenlose Mitfahrt gestattet war. Die Aufnahme des öffentlichen Verkehrs fand schließlich am 3. Juni 1905 statt.

Personentarif
für eine Fahrt von Mosbach aus nach

Station	Einfach 2. Kl.	Einfach 3. Kl.	Retour 2. Kl.	Retour 3. Kl.	Militär
Haßbach	0.25	0.15	0.35	0.25	0.10
Lohrbach	0.55	0.35	0.80	0.55	0.10
Sattelbach	0.75	0.50	1.15	0.75	0.10
Fahrenbach	0.90	0.60	1.35	0.90	0.10
Trienz	0.95	0.65	1.45	0.95	0.10
Robern	1.05	0.70	1.55	1.05	0.10
Krumbach	1.15	0.80	1.75	1.15	0.20
Limbach	1.35	0.90	2.—	1.35	0.20
Laudenberg	1.45	0.95	2.15	1.45	0.20
Langenelz	1.75	1.15	2.60	1.75	0.30
Mudau	1.85	1.25	2.80	1.85	0.30

Nebenbahn Mosbach–Mudau.
Zur Eröffnungsfeier
ist für morgen Mittwoch noch folgendes nähere Programm ausgegeben worden:

Mosbach.
1. Bei Ankunft des Schnellzuges Böllerschüsse und Glockengeläute.
2. Begrüßung S. Kgl. Hoheit des Erbgroßherzogs durch den Gr. Amtsvorstand, Herrn Oberamtmann Dörle und Herrn Bürgermeister Renz.
3. Darreichung einer Erfrischung (kaltes Büffet) im Wartesaal II. Klasse.
4. Abfahrt des Festzuges unter Böllerschüssen und Glockengeläute.

Lohrbach.
1. Vortrag des Gesangvereins.
2. Begrüßungsansprache (H. Bürgerm. Brauß.)
3. Ehrentrunk (Wein) mit Bretzeln.
4. Gesang der Schulkinder.

Sattelbach.
1. Begrüßungsansprache (H. Bürgerm. Zimmermann).
2. Gesang der Schulkinder.

Fahrenbach.
1. Vortrag des Gesangvereins.
2. Begrüßungsansprache (H. Bürgerm. Reichert).
3. Ehrentrunk (Wein) mit Bretzeln.
4. Gesang der Schulkinder.

Trienz.
1. Begrüßungsansprache (H. Ratschreiber Zimmermann).
2. Gesang der Schulkinder.

Robern.
1. Begrüßungsansprache (H. Hauptlehrer Trunz).
2. Ehrentrunk (Heidelbeergeist) mit Kornbrot und Butter.

Krumbach.
1. Begrüßungsansprache (H. Hauptlehrer Göbel).

Limbach.
1. Begrüßungsansprache (H. Pfarrer Müller).
2. Ehrentrunk (Wein) mit Bretzeln.
3. Vortrag des Gesangvereins.

Laudenberg.
1. Begrüßungsansprache (H. Bürgerm. Müller).
2. Ehrentrunk (Apfelwein) mit Bretzeln.
3. Gesang der Schulkinder.

Langenelz.
1. Begrüßungsansprache (H. Bürgerm. Schwab).

Mudau.
1. Bei Ankunft des Zuges Böllerschüsse und Glockengeläute.
2. Begrüßungsansprache (H. Bürgerm. Linz).
3. Vortrag des Gesangvereins.
4. Festzug in die Stadt.
5. Festessen im Gasthof zur Krone.

Schmalspurbetrieb unter privater Betriebsführung

Mit der Betriebsaufnahme der Schmalspurbahn veränderten sich altgewohnte Strukturen. Die bisherige Ausrichtung der Odenwaldgemeinde Mudau mitsamt den umliegenden Ortschaften auf das benachbarte Buchen verlor an Bedeutung, während die weit weniger ausgeprägte Orientierung auf Mosbach entsprechend belebt wurde. Nach anfänglicher Zurückhaltung nahm die Bevölkerung das neue Verkehrsmittel an, – für den Weg zur Schule, zu den Arbeitsstätten, zum Einkauf oder zu Arzt- und Behördengängen.

Auch für den Transport von Gütern leistete die Bahn gute Dienste. So wird von steigendem Absatz landwirtschaftlicher Erzeugnisse ebenso berichtet wie von wesentlichen Erleichterungen im Bezug von Düngemitteln, Kohle usw. Auch der Holzwirtschaft kam die Eisenbahn zugute, mit der nun große Mengen Grubenholz zum Versand gebracht werden konnten.

Trotz aller Zuversicht entwickelte sich der Verkehr auf der Schmalspurbahn dennoch nicht in dem erhofften Maße. Vor allem der Personenverkehr blieb deutlich hinter den Erwartungen zurück.

Die Fahrordnung

Interessantes über den Betriebsablauf geht aus der Fahrordnung hervor, die kurz vor dem 1. Weltkrieg eingeführt worden war:

„Dienst-Fahrplan der Nebenbahn Mosbach – Mudau, gültig vom 1. Mai 1912 ab.

1. *Sämtliche Züge fahren auf denjenigen Stationen, auf welchen Zugkreuzungen nicht stattfinden, im 1. Gleise ein und aus.*
Bei den Zugkreuzungen in Fahrenbach und Lohrbach ist jeweils in folgender Weise zu verfahren: Der Zug von Mosbach fährt im Gleis 1 zuerst ein, hält am Einsteigeplatz vor dem Stationsgebäude, wird daselbst abgefertigt und rückt dann im Gleis 1 entsprechend weiter vor, um den Zug von Mudau abzuwarten und ihn im Gleis 2 vorbeizulassen. Der Zug von Mudau hat bei Kreuzungen auf alle Fälle vor der Einfahrtsweiche zu halten und darf erst dann einfahren, wenn der Gegenzug nach erfolgter Abfertigung auf Gleis 1 vorgezogen und daselbst zum Halten gekommen ist und nicht eine gegenteilige mündliche Weisung erfolgt.
2. *Auf den mit Agenten besetzten Stationen hat sich der Lokomotivführer bei Ein- und Ausfahrt der Züge ganz be-sonders von der richtigen Stellung der Weichen zu überzeugen.*
3. *Soweit die Weichen verschließbar sind, sind sie stets in der Grundstellung verschlossen zu halten. Wenn eine Weiche aus der Grundstellung gebracht wurde, so ist sie, nachdem der Zug durchgefahren oder eine Rangierfahrt beendigt ist, sofort wieder in die Grundstellung zurückzubringen und zu verschließen. Für die richtige Stellung und den sicheren Verschluß der Weichen und Gleissperren innerhalb der Stationen ist der Stationsbeamte verantwortlich. Die Verantwortung für die Stellung und den Verschluß der Weichen, welche außerhalb der Stationen auf freier Strecke liegen, hat der Zugführer des betreffenden Zuges.*
4. *Nach dem Ankuppeln der Lokomotive ist eine Bremsprobe vorzunehmen. Die Probe ist zu wiederholen, so oft der Zug getrennt oder ergänzt worden ist, es sei denn, daß nur Wagen am Schlusse abgehängt worden wären. Bei der Fahrt durch die letzte Station vor der Kopfstation hat sich der Lokomotivführer von der Wirksamkeit der Luftbremse zu überzeugen.*
5. *Die auf den einzelnen Strecken zu bremsenden Achsen sowie die Zuglasten für eine Lokomotive sind aus der auf der letzten Seite dieses Dienstfahrplanes enthaltenen Geschwindigkeits-, Belastungs- und Bremstabelle ersichtlich. Bei besonders ungünstigen Verhältnissen, wie Nebel, Reif, Glatteis usw. sind die daselbst angegebenen Zuglasten entsprechend zu verringern.*
6. *Die Strecken Mosbach – Hasbachtal und Sattelbach – Mudau und umgekehrt werden mit einer Geschwindigkeit von 25 km, die Strecke Sattelbach – Hasbachtal und umgekehrt mit 20 km Geschwindigkeit in der Stunde befahren.*
Die Zuggeschwindigkeit ist bei der Annäherung an Weichen und Haltestellen so zu vermindern, daß der Lokomotivführer unter allen Umständen in der Lage ist, den Zug zum Halten zu bringen, falls eine zu durchfahrende Weiche

Geschwindigkeits-, Belastungs- und Bremstabelle.

Kilometer von Station zu Station	Kilometer von Mosbach an	Stationen	Fahrzeiten gewöhnliche in Min.	Fahrzeiten kürzeste zulässige in Min.	*) Höchstbelastung der Züge in der Richtung Mosbach—Mudau t	*) Höchstbelastung der Züge in der Richtung Mudau—Mosbach t	Bremsbedienung Maßgebende Steigung	**) Es sind zu bremsen jede	Bemerkungen
		Mosbach							
3,0	3,0	Hasbachtal	10	9,0	80	130	1:44	3. Achse	*) Für eine Vorspannmaschine dürfen in der Richtung Mosbach—Mudau nur ⅔ dieser Zuglasten gerechnet werden. **) Auf der Strecke Mosbach—Krumbach muß mindestens der 3. Teil und auf der Strecke Krumbach—Mudau mindestens der 4. Teil der Wagenachsen in beiden Fahrtrichtungen gebremst werden (siehe § 55 Abs. 6 u. 7 der B.-O.).
3,1	6,1	Lohrbach i. B.	12	11,0	80	130	1:40	3. "	
3,1	9,2	Sattelbach	11	10,5	80	130	1:40	3. "	
2,2	11,4	Fahrenbach	7	6,5	105	130	1:66	4. "	
1,6	13,0	Trienz	5	4,5	130	130	1:∞	16. "	
0,9	13,9	Robern	4	3,0	130	130	1:600	16. "	
1,4	15,3	Krumbach	5	4,0	90	130	1:50	3. "	
2,8	18,1	Limbach	9	8,0	120	130	1:74	4. "	
2,8	20,9	Laudenberg	9	8,0	100	130	1:60	4. "	
4,7	25,6	Langenelz	13	12,5	130	130	1:270	8. "	
2,0	27,6	Mudau	6	5,0	115	130	1:72	4. "	
			91	82,0					

falsch stehen oder ein sonstiges Hindernis im Gleise sein sollte. Im allgemeinen sind die im Dienstfahrplan vorgesehenen Fahrzeiten anzuwenden. Sobald jedoch Verspätungen vorhanden sind, ist der Lokomotivführer verpflichtet, dahin zu wirken, daß die vorgesehenen kürzesten Fahrzeiten eingehalten werden, um die Verspätungen einzuholen. Sollten jedoch auf der Strecke irgend welche Gefahrpunkte infolge Gleisumbaues oder dergl. vorhanden sein, so darf der Lokomotivführer nicht diese kürzesten Fahrzeiten anwenden, sondern muß an den Gefahrstellen nach Erfordernis langsam fahren. Für das Anfahren und Halten der Züge und das Befahren von unübersichtlichen Wegübergängen sind in den dem Fahrplan zugrunde gelegten Fahrzeiten die erforderlichen Zuschläge enthalten.

7. Vor den in Schienenhöhe liegenden Wegübergängen sind in genügender Entfernung auf der zur Fahrtrichtung rechts gelegenen Seite der Bahn Läutepfähle bezw. -Tafeln aufgestellt und muß von diesen ab bis nach Überschreitung der Wegübergänge das Läutewerk in Tätigkeit gesetzt werden. Bei Elementarereignissen, als Gewitter, Sturm, Schneetreiben, starkem Nebel oder ähnlichen Umständen ist vor den nicht übersichtlich gelegenen Wegübergängen neben dem Läutewerk auch die Dampfpfeife zur Anwendung zu bringen. Wo vor unbewachten Wegübergängen außer dem Läutesignal ein Achtungssignal mit der Dampfpfeife zu geben und die Geschwindigkeit gemäß der Tafelaufschrift zu ermäßigen ist, sind Läutetafeln mit der Aufschrift ‚LP… km' aufgestellt.

8. Vor den nachbenannten Wegübergängen ist die Fahrgeschwindigkeit auf 15 km/St. zu ermäßigen: km 5,45, km 12,86 und km 19,27 in Richtung Mudau, km 7,2, km 17,01 und km 20,31 in Richtung Mosbach und km 13,08 und km 20,47 in beiden Richtungen. Die gleiche Geschwindigkeit ist auch beim Befahren der hohen Brücken und der mitbenützten Straßenstrecken in Mosbach einzuhalten. Der Straßenübergang am nordöstlichen Ende des Bahnhofs Mosbach darf in beiden Richtungen nur mit 4 km/St. Geschwindigkeit befahren werden.

9. Soll auf einer Zwischenstation rangiert werden, so ist vor Beginn einer Ran-

gierbewegung der letzte Wagen ordnungsgemäß zu bremsen und zwar ist die Spindelbremse anzuziehen. Ist keine Spindelbremse, sondern nur eine automatische Bremse am Schlußwagen vorhanden, so ist der Schlußwagen nach dem Gefälle zu mit einem Radvorleger zu unterlegen.
10. *Auf den Strecken Mosbach – Fahrenbach und Robern – Mudau muß bei sämtlichen Zügen in beiden Richtungen der letzte Wagen ein Bremswagen sein und dessen Bremse bedient werden.*
11. *Auf der Straßenstrecke in Mosbach dürfen das Feuer der Lokomotiven nicht beschickt und die Zylinderhähne nicht geöffnet werden. Das Lokomotivpersonal hat darauf zu achten, daß die Rauchentwicklung der Lokomotiven auf der Straßenstrecke sowie auch während des Aufenthalts auf den Stationen auf das niedrigste Maß beschränkt bleibt."*

Das Eisenbahnunglück vom 9. April 1912

Wie ein Lauffeuer verbreitete sich am Osterdienstag, dem 9. April 1912 am frühen Nachmittag die Kunde in Mosbach, daß sich nur 1,5 km vor der Stadt ein schreckliches Eisenbahnunglück ereignet hatte. Wer konnte, eilte hinaus zu den „Eisweihern", gegenüber der Zuckermühle, um die Unfallstelle persönlich in Augenschein zu nehmen. Was war geschehen?

Der planmäßige Zug Nr. 5, der um 11.11 Uhr Mudau verlassen hatte und um 12.53 Uhr am Bahnhof Mosbach erwartet wurde, war kurz nach 3/4 1 Uhr zwischen den Stationen Hasbachtal und Mosbach bei Bahnkilometer 1,45 der Nebenbahn bzw. 54,61 der Hauptbahn, die hier parallel verliefen, ungefähr 200 m nordöstlich der Wärterstation 54 (heute Bahnübergang zur Waldstadt) entgleist.

Hierbei war die kleine Tenderlok Nr. 2, die mit dem Führerhaus voraus talwärts fuhr, umgestürzt und – da sich das Führer-

Am 19.4.1912 forderte ein schwerer Unfall bei Mosbach zwei Tote, mehrere Verletzte sowie erheblichen Sachschaden.
Foto: Sammlung Reinhard Wolf

hausdach in den etwa 80 cm tiefer liegenden und nebenher verlaufenden Feldweg einwühlte und die nachfolgenden Wagen auf der schwachen Gefällestrecke (1:147) den Vorderteil der Maschine noch vor sich herschoben – quer zum Gleis mit den Rädern nach oben und mit dem Schornstein im Schotterbett liegengeblieben. Der zuerst folgende Packwagen (Nr. 15 oder 16) kippte nach rechts und kam schräg gegen die Böschung der Staatsbahn zu liegen. Der danach folgende Personenwagen II./III.-Klasse (Wagen Nr. 1-3) stürzte ebenfalls auf die Böschung der Hauptbahn, während der dritte Wagen des Zuges, ein III.-Ci-Wagen (Nr. 4 oder 7-10) glücklicherweise auf dem Gleis stehenblieb.

Mit gebrochenem Fuß und abgetrennter Hand war der Heizer Otto Egolf aus Sulzbach unter der Lok eingeklemmt und durch den heißen Dampf, der aus dem geplatzten Rohr zur Dampfpfeife strömte, verbrüht worden. Er war auf der Stelle tot. Reservelokführer Franz Bender aus Mudau fiel – ebenfalls am ganzen Körper verbrüht – aus der Lokomotive. Ihm gelang es unter großen Schmerzen, sich zum Lackenmeierschen Bahnwärterhaus zu schleppen. Nach erster ärztlicher Behandlung wurde er mit dem Zug 342 über Meckesheim ins Heidelberger akademische Krankenhaus transportiert, wo er am nächsten Tag verstarb.

Der im Zug befindliche Stationswärter der Nebenbahn, Wilhelm Kniehl aus Dietenhofen, der die Osterfeiertage mit seiner Familie in Fahrenbach verbracht hatte, war von der Plattform des ersten Personenwagens geschleudert worden und hatte dabei sein rechtes Auge verloren. Da der Verdacht auf innere Verletzungen bestand, wurde er auf ärztliche Anordnung mit dem Zug 348 ebenfalls in die Heidelberger Klinik überführt.

Ansonsten wurden in dem mit 45-50 Personen gut besetzten Zug etwa zehn weitere Personen, darunter der Schaffner Hagedorn, durch Glassplitter leichter verletzt. Sie wurden wie die übrigen Fahrgäste durch einen Notzug der Staatsbahn in die nahe Stadt gebracht und ärztlich versorgt.

Ein Hilfszug wurde umgehend von Mudau auf den Weg geschickt. Die Bahninspektoren von Lauda und Heidelberg sowie der Maschineninspektor aus Eberbach, die telefonisch benachrichtigt worden waren, kamen mit den nächsten Zügen gegen 2 Uhr am Unfallort an. Dort trafen sie die bereits anwesenden Großh. Staatsanwalt, Oberamtsrichter Hildenbrand, und Amtsrichter Bechert aus Mosbach, die sich vor Ort ein Bild des Unfallgeschehens machten. Sie stellten fest, daß die Schienenstrecke der Nebenbahn aufgerissen, der Bahnkörper der Staatsbahn jedoch unversehrt und deren Betrieb daher nicht beeinträchtigt war. Unterhalb von zwei umgestürzten Wagen war das Gleis gebrochen, die gebrochenen Schienenstücke und die beschädigte zugehörige Schwelle wurden von der Staatsanwaltschaft sichergestellt. Untersucht werden mußten noch von Fachleuten die Maschine und deren Radreifen, was jedoch erst nach Aufrichten der Lok geschehen konnte. Dazu mußte sie fast vollständig demontiert werden. Sie wurde am 23. April in Mosbach verladen, um zum Herstellerwerk Borsig nach Berlin transportiert zu werden. Eine Entgleisung durch auf die Schienen gelegte Gegenstände war ausgeschlossen.

Für zwei Tage mußte die Strecke voll gesperrt werden. Reisende wurden vom Bahnhof Mosbach mit Wagen zur Unfallstelle gebracht, wo sie vom Zug aufgenommen werden konnten. Ab 11. April

Die Brücke bei Lohrbach war das größte Bauwerk im Verlauf der Schmalspurbahn Mosbach – Mudau. Am 18.9.1963 beförderte die 99 7204 einen Güterzug nach Mosbach.
Foto: Rolf Hahmann

konnte mit dem Zug Nr. 7 (ab Mudau 4.16 Uhr nachm.) der Verkehr wieder aufgenommen werden.

Bei der Untersuchung der Unfallursache wurde der Zustand der Nebenbahnstrecke im Bereich der Unfallstelle genau untersucht. Auf Anfrage gab die Betriebsabteilung der Firma Vering & Waechter bekannt, daß die Streckenbegehung täglich von Stationswärter Booz aus Lohrbach vorgenommen werde, und daß genügend Streckenarbeiter und Geldmittel zum Unterhalt der Strecke eingesetzt würden. Die letzte Regulierung der Strecke habe im November des Vorjahres stattgefunden. Auch das Personal (Lokführer, Heizer, Zugführer und Bremser) des Güterzugs 6750, der ungefähr gleichzeitig oder kurz vor dem entgleisten Nebenbahnzug die Unfallstelle passiert hatte, sollte zum Unfall bzw. über außergewöhnliche Beobachtungen an der Nebenbahnstrecke vernommen werden (von hier rührt wohl die in der Literatur verbreitete Angabe über ein „Wettrennen" der beiden Züge). Wichtige Angaben erhoffte man auch von Bahnwärter Lackenmeier, der an der Wärterstation 54, etwa 200 m unterhalb der Unfallstelle, die Schranken für den herannahenden Zug geschlossen hatte und diesem entgegensah.

Im Vorfeld der amtlichen Untersuchung wurde auch bei der Beratung des Budgets der Eisenbahnbetriebsverwaltung im Landtag, im Mai des Jahres 1912, durch den Abgeordneten Banschbach die Frage aufgeworfen, ob nicht der allzuleicht und schwach gebaute Bahnkörper mit dem hier verwendeten Sandsteinschotter anstatt des Kalksteinschotters bei der Hauptbahn Schuld an dem Unfall tragen könne, zumal es im vergangenen Winter schon zu zwei Entgleisungen in der Nähe des Hasbachtals gekommen war. Eine bessere Kontrolle der Nebenbahn seitens der Großh. Regierung sei im Interesse der Betriebssicherheit wünschenswert.

In diesem Zusammenhang zeigte sich Banschbach auch peinlich berührt davon, daß die Witwe des verunglückten Lokführers Bender, der 28-jährig und kinderlos verheiratet war, nur eine kleine monatliche Unterstützung und den Angehörigen des Heizers Egolf, der mit 26 Jahren, eben im Begriff zu heiraten, nur ein Sterbegeld von 75 Mark ausgezahlt werden solle, wobei letzterer die Stütze seiner Eltern und seiner acht Geschwister war.

Im Untersuchungsprotokoll wurde schließlich eindeutig festgestellt, daß eine Entgleisung infolge Schienenbruchs stattgefunden hatte und daß kein Verschulden des Personals vorlag.

Die Schmalspurbahn gerät in die Krise

Die mangelnde Rentabilität der Schmalspurbahn wurde schon wenige Jahre nach der Betriebseröffnung allgemein beklagt. Dem gültigen Pachtvertrag zufolge hatte die Betriebsführerin Vering & Waechter bis zum Jahr 1925 den Betrieb zu führen, wobei ihr sämtliche Einnahmen zuflossen, sie auf der anderen Seite aber auch sämtliche Betriebsausgaben zu bestreiten hatte. Am 1. April 1917 trat die Deutsche Eisenbahn-Betriebsgesellschaft A.-G. (DEBG), eine 1898 gegründete Tochtergesellschaft von Vering & Waechter, in den gültigen Vertrag ein, ohne daß sich an den Rahmenbedingungen etwas ändern sollte.

Zur Verbesserung der Rentabilität kam Anfang der 20er Jahre die Einführung des Rollwagenverkehrs in die Diskussion. Damit ließ sich einerseits das kostenintensive Umladen in Mosbach ersparen, andererseits aber auch der Güterverkehr deutlich beschleunigen. Es vergingen allerdings noch einige Jahre, bevor die Sache konkret wurde. In den Jahren 1924/25 führte die DEBG umfangreiche Wirtschaftlichkeitsuntersuchungen und Probefahrten mit Rollwagen durch, die zu einem zufriedenstellenden Ergebnis führten. Nachdem auch die Reichsbahndirektion Karlsruhe ihre Zustimmung gegeben hatte, konnte der Rollwagenverkehr am 1. April 1926 aufgenommen werden. Im Zusammenhang mit dieser Maßnahme wurden die geltenden Betriebsvorschriften ergänzt bzw. geändert. Unter anderem galt die Verordnung, beladene und unbeladene Rollwagen stets am Zugschluß zu führen. Die Höchstgeschwindigkeit war auf 25 km/h beschränkt, wobei die Einfahrt in Krümmungen von 120 m Radius und darunter nur mit maximal 12 km/h erfolgen durfte.

Nach dem 1. Weltkrieg verschlechterte sich die wirtschaftliche Situation der Bahn stetig und es waren erhebliche Defizite in den Bilanzen zu verzeichnen. Da die DEBG sämtliche Fehlbeträge gemäß des gültigen Pachtvertrags zu decken hatte, versuchte die Gesellschaft im Jahr 1920 eine vertragliche Änderung zu erwirken. Per Nachtrag vom November 1922 wurden ihr schließlich jährliche Ausgleichszahlungen durch die Deutsche Reichsbahn in Höhe von 60% des nachgewiesenen Betriebsverlustes zugestanden, jedoch nur in einer Höhe von maximal 130.000 Reichsmark. Diese für das Jahr 1921 rückwirkend geltende Vertragsänderung war mit einer Laufzeit bis zum 3. März 1926 vereinbart. Noch vor dem regulären Ablauf des Nachtrags kam es mehrfach zu weiteren Vertragsänderungen, so am 15. Januar 1923 und am 17. und 30. Juni 1925. Neben einer Steigerung des Verlustanteils auf 75% hatte die Deutsche Reichsbahn ab 1926 auch für die Erneuerung bzw. Ergänzung der Bahnanlagen und Betriebsmittel aufzukommen. Ferner war für das Jahr 1928 eine Neuregelung der Kostenübernahme durch die Deutsche Reichsbahn terminiert, wobei es der DEBG sogar vorbehalten war, vom Vertrag zurückzutreten, sollte es zu keiner entsprechenden Einigung kommen.

Die wirtschaftlich unbefriedigende Situation der Schmalspurbahn bekam auch die Bevölkerung deutlich zu spüren. Mit Unmut hatte man mehrfach Tariferhöhungen hinnehmen müssen. Mit dem Hinweis auf einen hohen Betriebsaufwand infolge der steigungs- und krümmungsreichen Streckenführung bei gleichzeitig rückläufigem Fahrgastaufkommen hatte die DEBG zunächst die Fahrpreise im Personenverkehr um 25% angehoben. Später waren Zuschläge sowohl im Personen- als auch im Güterverkehr von bis zu 100% gegenüber den Reichsbahntarifen fällig!

Vermehrt wurden daher Forderungen laut, die staatliche Eisenbahn nicht länger von einem Privatunternehmer, sondern von der Deutschen Reichsbahn betreiben zu lassen. Ferner wurde eine Rücknahme der hohen Tarife auf das Niveau der Reichsbahnnebenstrecken gefordert sowie die Einlegung eines weiteren Zugpaares und die Schaffung der 4. Wagenklasse.

Trotz erheblichen Drucks von Seiten der betroffenen Odenwaldgemeinden ließ sich die Reichsbahndirektion Karlsruhe zunächst nicht zu einer Übernahme der Betriebsführung bewegen. Argumentiert wurde u.a. damit, daß der Bezirk Karlsruhe lediglich normalspurige Bahnen betreiben würde, und die Übernahme des Schmalspurbetriebs unweigerlich zu einer untragbaren finanziellen Belastung der Reichsbahn führen müsse. Offensichtlich wurde

Mit dem Zug 3080 verließ die 99 7204 am 15.10.1963 den Haltepunkt Langenelz.
Foto: Ulrich Montfort

hier bereits heimlich mit dem Gedanken gespielt, die Bahn über kurz oder lang stillzulegen.

Bei der für 1928 vorgesehenen Neuregelung des Pachtvertrags konnte zwischen der Deutschen Eisenbahn-Betriebsgesellschaft und der Deutschen Reichsbahn keine Einigung erzielt werden. Nach längeren Verhandlungen lehnte es die Reichsbahn schließlich ab, sich weiterhin an den Kosten für die Schmalspurbahn zu beteiligen. Die DEBG drohte ihrerseits mit einem Rückzug aus dem Vertrag, so daß der Eisenbahnverkehr zwischen Mosbach und Mudau hätte eingestellt werden müssen. Nach weiteren Verhandlungen erklärte sich die Deutsche Reichsbahn endlich bereit, den Bahnbetrieb vom 1. Mai 1931 an zu übernehmen. Für den Zeitraum vom 1. Januar 1929 bis zum 30. April 1931 wurde eine Übergangsregelung getroffen, die folgende Maßnahmen vorsah:

1) Der Vertrag vom 21. Oktober 1902 über die Herstellung des Baues und die pachtweise Übernahme der Nebenbahn Mosbach – Mudau wird samt allen Nachträgen mit Inkrafttreten des Sommerfahrplans 1931 aufgelöst. Von diesem Zeitpunkt an geht die Betriebsführung an die Deutsche Reichsbahn über.

2) Vom 1. Januar 1929 bis zur Betriebsübernahme durch die Reichsbahn wird die Zuschußleistung zum Betriebsfehlbetrag wie folgt geregelt:
Die sogenannten Generalunkosten (die anteiligen Gehälter und Kosten der Oberleitung, des Zentralbüros und des Karlsruher Büros, einschl. der Kosten für die Abrechnung, also alle Kosten, die nicht an der Bahnlinie Mosbach – Mudau entstehen) wird die Betriebsführerin vom 1. Januar 1929 ab nur mit dem festen Betrag von jährlich 15.000 RM in Rechnung stellen und die Bezüge des Bahnmeisters in Mosbach mit nur noch 3/4 zu Lasten der Mosbach-Mudauer Bahn verrechnen. An einem dann noch verbleibenden Betriebsfehlbetrag wird sich die Reichsbahn mit 50% beteiligen.

Rechtzeitig zum 30. April 1931 wurde sämtlichen Mitarbeitern der Nebenbahn Mosbach – Mudau seitens der DEBG gekündigt. Die Arbeiter und Angestellten fanden einen neuen Arbeitsplatz bei der Deutschen Reichsbahn, während die Beamtenstellen allesamt von der DR neu besetzt wurden. Damit fand das Kuriosum einer privat geführten Staatsbahnstrecke in Baden nach 26 Jahren ihr Ende.

Am 15.10.1963 zog die 99 7204 den P 3082 nach Mudau. Bei Robern überquerte der Zug die Trienzbachbrücke. Foto: Ulrich Montfort

Romantisch ging es zu, wenn der Schmalspurzug durch die ruhige Landschaft des südlichen Odenwaldes dampfte. Wer möchte nicht gern noch einmal mitfahren? Am 28.10.1959 stand die 99 7201 im Einsatz, aufgenommen bei Lohrbach. Foto: Gerhard Moll

Die Mosbach-Mudauer Bahn als Staatsbahnstrecke

Die Deutsche Reichsbahn übernimmt den Bahnbetrieb

Nach Auflösung des Pachtverhältnisses mit der Deutschen Eisenbahn-Betriebsgesellschaft A.-G. (DEBG) am 30. April 1931 übernahm die Deutsche Reichsbahn per 1. Mai 1931 die Betriebsführung. Damit hatte die Reichsbahn ein schweres Erbe angetreten. Auch unter ihrer Federführung blieb die wirtschaftliche Lage der Bahn prekär.

Um Aufschlüsse über notwendige Rationalisierungsmaßnahmen zu erhalten, wurden in den Folgejahren mehrfach Wirtschaftlichkeitsuntersuchungen durchgeführt, über deren Ergebnisse jedoch wenig bekannt ist. Wie schlecht es um den Bahnbetrieb in den 30er Jahren bestellt gewesen sein muß, zeigt unter anderem die Tatsache, daß täglich nur etwa 500 Personen die fünf Zugpaare benutzten. Rechnet man den hohen personellen Aufwand für den Dampflokbetrieb, die vielen besetzten Bahnstationen usw. dagegen, dann werden die alljährlichen Fehlbeträge durchaus verständlich.

Nicht viel anders sah es im Güterverkehr aus. Das Angebot im Winterfahrplan 1937/38 sah an Werktagen 4 durchgehende Zugpaare vor, ein weiteres verkehrte zwischen Mosbach und Fahrenbach. An Sonntagen war der Verkehr mit drei durchgehenden Zugpaaren entsprechend eingeschränkt. Die Fahrzeit lag für die 28,1 km lange Strecke im günstigsten Fall bei gut anderthalb Stunden; bei Zügen, die nur an Werktagen verkehrten, teilweise aber auch in einer Größenordnung von fast zwei Stunden.

Mosbach – Mudau als Bestandteil der Deutschen Bundesbahn

Die Deutsche Bundesbahn, seit 1949 Nachfolgerin der Deutschen Reichsbahn in den drei Westzonen, mußte nach Kriegsende den Verkehr zwischen Mosbach und Mudau unter ungünstigen Bedingungen weiterführen. Ihre Vorgängerin hatte aufgrund der Kriegsereignisse keine nennenswerten Rationalisierungsmaßnahmen durchführen können, so daß die Bundesbahn sogleich Überlegungen zur Verbesserung der Wirtschaftlichkeit anstellen mußte. Zwar war gegenüber den Vorkriegsjahren der Verkehr gestiegen, doch an den alljährlichen Fehlbeträgen hatte sich im Grunde nichts geändert. So standen beispielsweise im Jahr 1950 Einnahmen in Höhe von 140.106 DM Ausgaben in Höhe

*Am 18.9.1963 hatte man dem Nachmittagspersonenzug nach Mosbach einen italienischen Regelspurgüterwagen beigegeben. Gemischte Züge waren häufig auf der Schmalspurbahn zu sehen.
Foto: Rolf Hahmann*

Bei Fahrenbach rollte die 99 7204 am 18.9.1963 mit einem Güterzug bergab in Richtung Mosbach. Eine waldreiche Umgebung bestimmte die Umgebung der Bahn.
Foto: Rolf Hahmann

Unten: Zugangebot im Sommer 1934

303e Mosbach – Mudau

Alle Züge nur 3. Klasse

6.35|8.06: **9.25**	12.44	...	...	*16.14:**17.00**	...	18.04	ab Mannheim 302a.303 .... an	**7.42**|9.17	11.37	18.58	18.58	20.31	...	...
6.56	8.45ℂ **9.48**	13.18	...	16.57	**17.28**	18.30	ab Heidelberg 303 .... an	**7.12**	8.36	11.05	18.16	18.16	20.09	...	...
6.30	8.35ℂ**10.51**	11.46	15.59	18.14	**18.52**	18.14	**18.52**	ab Osterburken 303 .... an	8.52	8.52	16.13	**19.00**	19.39	...	...

2402	w 9124	2406	S†2406	w 2408	2410		2410	km	Zug Nr *RBD Karlsruhe* Zug Nr	2401	wδ 2403	2405	wδ 2407	S2409/w9127	
8.28	wδ11.36	15.13	...	w17.17	19.35	S 20.00		0,0	ab **Mosbach** 303............an	6.14	wδ 8.11	12.57	wδ 16.39	18.40	
X8.37	X11.45	X15.22	...	X17.26	X19.44	X20.09		3,5	▼ Hasbachtal .... ▲	X6.05	X8.03	X12.48	X16.30	X18.31	δ verkehrt nicht am 31. V.
8.48	11.56	15.33	...	17.37	19.55	20.20		6,6	Lohrbach	5.54	7.53	12.38	16.20	18.21	
9.00	12.08	15.46	...	17.49	20.07	20.32		9,7	Sattelbach	5.42	7.41	12.26	16.08	18.09	† verkehrt auch am 31. V.
9.11	12.20	15.53|S15.55	...	18.03	20.16	20.40		11,9	Fahrenbach	5.35	7.34	12.19	wδ 16.01	18.02	
9.17	12.26	an	...	18.09	20.22	20.46		13,5	Trienz...........................	5.28	7.27	12.11	...	17.52	* w. außer am 31. V. auch ab 16.30.
9.20	12.30		...	16.04	18.12	20.26	20.50		14,4	Robern	5.24	7.23	12.07	...	17.48	
9.28	12.37	...	16.01	18.20	20.33	20.56		15,8	Krumbach (Baden)	5.18	7.18	12.02	...	17.43	
9.38	12.47	...	16.11	18.29	20.42	21.06		18,6	Limbach (Baden)	5.09	7.08	11.51	...	17.32	
9.49	12.58	...	16.20	18.41	20.53	21.17		21,4	Laudenberg	4.57	6.59	11.42	...	17.23	
10.03	13.12	...	16.31	18.54	21.07	21.30		26,1	▼ Langenelz .... ▲	4.43	6.46	11.28	...	17.09	
10.09	wδ13.18	...	S†16.50	wδ 19.00	21.13	21.36		28,1	an **Mudau** .... ab	4.37	wδ 6.40	11.22	...	17.03	

Trotz schlechter Bildqualität darf diese Aufnahme aus den 30er Jahren nicht fehlen. Mit zeitgenössischem Hakenkreuz versehen wartete ein Sonderzug nach Mudau im Bahnhof Mosbach auf Ausfahrt.
Foto: Sammlung Edwin Herkner

bis 3. April 1954 insgesamt 676.000 DM, denen gerade 171.000 DM Einnahmen gegenüberstanden.

Über die damaligen Verkehrsverhältnisse gaben detaillierte Untersuchungen der Bundesbahn Auskunft. So benutzten während der Sommermonate im werktäglichen Durchschnitt rund 900 Fahrgäste die Züge der Schmalspurbahn. In den Wintermonaten lag der Wert mit etwa 1.000-1.100 Personen etwas höher. Leider befanden sich unter den täglichen Reisenden nur wenige Vollzahler, allein der tarifmäßig wenig lukrative Schülerverkehr wurde pro Tag mit mehr als 600 Beförderungsfällen abgerechnet. Im Güterverkehr wurden vor allem die Trassierungsverhältnisse der Schmalspurbahn beklagt, die – dem Leistungsprogramm der vorhandenen Lokomotiven entsprechend – lediglich eine Höchstlast von 80 t zuließen. Weiter führte die Deutsche Bundesbahn aus:

„Zum Versand kommen Lampenschirme der Fabriken in Limbach und Laudenberg in größeren Papptonnen oder Bahnbehältern. In der ersten Hälfte des Jahres kommen täglich zwei Stückgutwagen auf, in der zweiten Hälfte 3-4 Wagen. Das Stückgut der Firma Grimm in Krumbach, Holzwolle, wird in diesen Wagen mitverladen (...). Der Wagenladungsverkehr ist gering, etwa 4 Wagen im Tagesdurchschnitt im Versand und Empfang."

Die Bestandsaufnahme der Deutschen Bundesbahn führte zu erneuten Überle-

von 251.674 DM gegenüber. Schon damals wurde ernsthaft über Möglichkeiten zur Verkraftung der Schienenstrecke nachgedacht. Die unzureichenden Straßenverhältnisse ließen eine solche Maßnahme jedoch vorerst nicht zu.

Nach dem Wechsel der Betriebsführung von der Direktion Stuttgart, zu der die Strecke von 1945 bis 1955 gehört hatte (die französische Zone reichte bis zur Autobahn Karlsruhe – Stuttgart, Mosbach lag jedoch in der amerikanischen Zone) auf die BD Karlsruhe wurden erneute Wirtschaftlichkeitsuntersuchungen eingeleitet, da sich der jährliche Fehlbetrag bis Mitte der 50er Jahre auf fast eine halbe Million Mark gesteigert hatte. So betrugen die Ausgaben im Zeitraum vom 1. Mai 1953

Nachkriegsfahrplan vom Winter 1948/49

Um 1928 erhielten die Lokomotiven der Nebenbahn Mosbach – Mudau einen 85-Volt-Generator für die elektrische Zugbeleuchtung. Auf dem Foto von 1932 sind die im Zusammenhang mit dem Einbau des Turbogenerators durchgeführten Veränderungen – vor allem auf der Rückseite der Lok – gut zu erkennen.
Foto: Sammlung Gerhard Moll

Unten: Mit fünf Zügen Mosbach – Mudau und sechs Fahrten in der Gegenrichtung war das Angebot vom Sommer 1954 durchaus respektabel. An Sonntagen verkehrten während dieser Zeit immerhin drei Zugpaare!

321f Mosbach (Baden) — Mudau (Schmalspurbahn) Alle Züge 3. Klasse

Neckarelz–Mosbach–Mudau 1321 f

3080	Sa 3082	3082	X 3086	X 3088	† 3088	X 8393	km	Zug Nr BD Karlsruhe Zug Nr	X 3083	3085	X 3087	3091	8393	Sa 8393	3095
...	8.03	...	Sa 12.25	b 13.10	...	17.40	X 18.45	† 20.02	X 20.02	0,0	ab **Mosbach** (Baden) 321 .... an	X 6.14	6.30	...	X 7.25	12.10	a 14.33	Sa 14.33	17.28
...	X 8.10	...	12.33	13.18	...	X 17.50	18.53	20.10		3,5	Hasbachtal	X 6.06	6.22	...	7.17	X 12.02	X 14.24	X 14.24	X 17.21
...	8.18	...	12.41	13.26	...	18.02	19.01	20.18	20.20	6,6	Lohrbach		5.59	6.15	...	7.10	11.55	14.14	14.14	17.13
...	8.27	...	12.50	13.35	...	18.13	19.10	20.27	20.29	9,7	Sattelbach		5.51	6.07	...	7.02	11.47	14.01	14.01	17.05
...	8.37	...	13.00	13.45	...	18.26	19.20	20.37	20.41	11,9	Fahrenbach		5.45	6.02	...	6.57	11.42	13.53	13.53	17.00
...	8.42	...	13.05	13.50	...	18.30	19.25	20.42	X 20.46	13,5	Trienz		5.36	5.54	...	6.49	11.34	13.38	13.42	16.52
...	X 8.44	...	13.08	13.53	...	18.33	19.28	20.45		14,4	Robern		X 5.33	5.51	...	6.46	11.31	13.34	13.38	16.49
...	8.49	...	13.13	13.58	...	18.38	19.33	20.50	20.58	15,8	Krumbach (Baden) ...		5.30	5.48	...	6.43	11.28	13.28	13.32	16.46
...	8.57	...	13.22	14.05	...	18 45	19.41	20.57	21.06	18,6	Limbach (Baden)		5.23	5.41	...	6.36	11.21	13.08	13.21	16.39
...	9.09	...	13.32	14.17	...	18.57	19.53	21.09	X 21.20	21,4	Laudenberg		5.12	5.30	...	6.25	11.10	12.40	12.40	16.28
...	X 9.26	...	13.50	14.35	...	19.15	20.11	21.27	21.40	26,1	Langenelz		X 4.54	5.12	...	6.07	10.52	12.17	12.17	16.10
...	9.33	...	Sa 13.59	b 14.44	...	19.24	X 20.20	† 21.36	X 21.50	28,1	an **Mudau** .... ab	X 4.46	5.04	...	X 5.59	10.44	a 12.06	Sa 12.06	16.01

a X außer Sa   b täglich außer Sa

gungen, zumindest den Personenverkehr baldmöglichst einzustellen. Hätte es damals nicht an einem leistungsfähigen Straßennetz gefehlt, wäre es vermutlich noch in den 50er Jahren zur Stillegung gekommen, – doch die Bahn blieb vorerst in Betrieb.

Anstelle einer völligen Betriebseinstellung wurde die Zielrichtung der Bundesbahn nun auf Einsparungen im Betriebsablauf gelenkt. So wurde unter anderem erwogen, schwach frequentierte Zugläufe zu streichen, zahlreiche Betriebsstellen in Agenturen umzuwandeln bzw. ganz aufzuheben und eine Modernisierung des Fahrzeugparks einzuleiten. Um den kostenintensiven Dampfbetrieb aufzugeben, wurde die Übernahme der Diesellokomotiven der Baureihe V 29 von der eingestellten Meterspurstrecke Mundenheim – Meckenheim vorgeschlagen, die dann aber statt in den Odenwald nach Regensburg zur Walhallabahn und zur Schmalspurbahn Nagold – Altensteig kamen.

Die Vorstellungen der Bundesbahn, den Verkehr zwischen Mosbach und Mudau einzuschränken, stießen bei der Bevölkerung auf Widerstand. In einer Resolution der betroffenen Gemeinden vom 4. Juni 1958 an die Deutsche Bundesbahn wurde der schlechte Eisenbahnanschluß des nördlichen Odenwaldes beklagt. Wegen diesen Umstandes war die Industrie wenig geneigt, sich im südlichen Odenwald anzusiedeln. Gefordert wurde daher anstelle einer Rückzugspolitik von der Schiene eine umfangreiche Modernisierung der Schmalspurbahn. Diese Maßnahmen sahen einen regelspurigen Ausbau der Strecke sowie eine Verlängerung über Mudau hinaus bis nach Amorbach vor. Als weiterer wichtiger Punkt zur Verbesserung der Wirtschaftlichkeit war der Einsatz von Triebwagen sowie von Diesellokomotiven im Güterverkehr vorgesehen. Die mit den oben genannten Maßnahmen erreichbaren Einsparungspotentiale wurden in der Resolution wie folgt analysiert:

„Die einmaligen Ausgaben werden sich im Lauf der nächsten Jahre durch Einsparungen des Defizits durch folgende Punkte bezahlt machen:

Eine lange Dampffahne kündet von der anstrengenden Arbeit der Zuglok 99 7204. Mit drei zusätzlichen Güterwagen war der P 3080 am 15.10.1963 bei Limbach gut ausgelastet.
Foto: Ulrich Montfort

Während des planmäßigen Halts in Laudenberg nutzte der Lokführer die Zeit zu einer kurzen Inspektion der linken Triebwerksseite.
Foto: Reinhard Todt (15.4.1959)

*Vor dem Zug 3080 rollte die 99 7204 am 15.10.1963 gemächlich durch die anmutige Landschaft bei Laudenberg.
Foto: Ulrich Montfort*

Unten: Zahlreiche Buskurse bestimmten 1956/57 das Bild. Die Zahl der Zugleistungen hatte erste große Einschränkungen erfahren.

Mit einem Güterzug am Haken bezwang die 99 7202 am 15.10.1963 die steigungsreiche Strecke bei Sattelbach. Die kühle Morgenluft ließ die Dampffahne besonders gut zur Geltung kommen.
Foto: Ulrich Montfort

Zwischenhalt für den P 3080 im Bahnhof Lohrbach am 20.7.1958: Hier wird der Größenunterschied zwischen Schmalspurbahn und Regelspur deutlich. Foto: Dr. Hans-Reinhard Ehlers

Weiter führte die Resolution aus:

„*Die Kosten von ca. 1/2 Million der unumgänglichen Verlegung der Kleinbahn in den Bahnhof Mosbach, da der Engpaß durch den Bau der Umgehungsstraße untragbar ist, könnten bereits für den Umbau der Normalspur verwendet werden. Durch die Einsparung der Buslinie, die im Winter sehr große Gefahren in sich birgt, wäre eine größere Ausnützung der Bahn gewährleistet. Bei einer Normalspurbahn wird den Fahrgästen eine kürzere Fahrzeit, bequemeres und sicheres Fahren geboten und damit die Fahrstrecke auch durch stärkeren Fremdenverkehr frequentierter. Das Notstandsgebiet Odenwald muß durch eine bessere Zugverbindung einen wirtschaftlichen Anschluß an das Industriegebiet erhalten. Den abgelegenen Gemeinden wäre es schon des öfteren gelungen, gesunde Industriebetriebe anzusiedeln, wenn eine Normalspurbahn vorhanden gewesen wäre.*

Durch all diese angeführten Punkte, besonders der Durchbau als kürzeste Strecke vom Neckar zum Main, würde die Bahn Mosbach – Mudau (Mosbach –

1) Wegfall der Rollböcke, deren Unterhaltung und deren unnütze Lastenschleppung.
2) Das Umladegeschäft in Mosbach sowie das schwierige Rangieren (auf- und absatteln).
3) Verdieselung billiger als Kohlenbetrieb (Schienenbus).
4) Wegfall der teuren Wartung der alten Maschinen (Zeit zur Entschlackung, Wassergeld usw.).
5) Feuerschutzstreifen entfällt sowie dessen Unterhaltung.
6) Billigere Unterhaltung der Gleisanlage bei Normalspur.
7) Einsparung der Buslinie, die längs des Schienenweges führt."

Die oft schneereichen Wintermonate erschwerten den Betrieb auf der Schmalspurbahn ganz erheblich. Am Sonntag den 13.1.1957 hatten die Schneefälle bei Laudenberg sogar zu einer Entgleisung geführt.
Foto: Kirstein
(Sammlung E. Herkner)

Mit ihren drei schlanken Pfeilern galt die noch heute vorhandene Bieberklingenbrücke bei Lohrbach als ein begehrtes Fotomotiv der Eisenbahnfreunde. Am 20.7.1958 passierte der P 3080 die Brücke auf dem Weg nach Mudau. Foto: Dr. Hans-Reinhard Ehlers

Amorbach) rentabel werden, wobei zu bedenken ist, daß z. Zt. von Mosbach nach Mudau bei 27,5 km Länge 11 Bahnhöfe sich befinden, was einen mittleren Abstand von 2,5 km ergibt."

Die Deutsche Bundesbahn zeigte sich von den Vorstellungen der Gemeinden wenig beeindruckt und setzte weiter auf Rationalisierungsmaßnahmen ohne großen Kostenaufwand, zumal für großangelegte Investitionen (z.B. Umbau auf Regelspur) ohnehin kein Geld vorhanden war. Im Grunde war die Stillegung der Schmalspurbahn damit vorprogrammiert, auch wenn noch etliche Jahre bis dahin vergingen.

Schon damals kam die gesamte Problematik, die später vielen Nebenbahnen in Deutschland den Garaus machen sollte, zum Ausdruck. Wie sollte ein Eisenbahnunternehmen, wenn auch staatlich betrieben, ohne eine gesunde finanzielle Ausstattung den erheblichen Modernisierungsbedarf auf Deutschlands Schienen finanzieren, während auf der anderen Seite mit staatlichen Geldern ein hochmodernes und leistungsfähiges Straßennetz geschaffen wurde. Für den Umbau auf Regelspur in einer dünn besiedelten Region, dazu noch um etliche Kilometer verlängert, – so etwas hätte sich allenfalls mit Landesmitteln finanzieren lassen, aber dazu war die Zeit noch nicht reif.

Ende des Jahres 1959 wurde der Personalbedarf der Schmalspurbahn Mosbach – Mudau durch Umwandlung verschiedener Bahnhöfe in unbesetzte Bahnagenturen reduziert. So wurde zum 1. Oktober 1959 das stationäre Bahnhofspersonal in Langenelz, Lohrbach, Sattelbach und Trienz abgezogen. Gleichzeitig entfiel der gesamte Sonntagsverkehr auf der Schiene.

Schon ein Jahr später wurden erneute Einsparungsmaßnahmen bekannt. Nach den Vorstellungen der Deutschen Bundesbahn war die kurzfristige Einstellung des gesamten Schienenpersonenverkehrs vorgesehen, lediglich der Güterverkehr sollte aufgrund der Tatsache, daß ab 1950 etwa 450.000 DM in den Oberbau gesteckt wor-

Bemerkenswert war die Anordnung der Schrankenanlage im Bereich des Bahnübergangs an der Ostseite des Bahnhofs Mosbach. Während die Hauptbahn durch zwei Schrankenbäume gesichert war, besaß das Schmalspurgleis nur einen Schrankenbaum. Verkehrten auf beiden Strecken zum gleichen Zeitpunkt Züge, so entwickelte sich diese Situation zu einem Gefahrenpunkt für den Straßen- und Fußgängerverkehr. Foto: Reinhard Todt (Juni 1961)

*Bei Krumbach dampfte die 99 7202 am 15.10.1963 mit einem Güterzug durch den kühlen Herbstmorgen. Drei Regelspurwagen auf Rollwagen sowie ein Packwagen waren bis Mudau zu befördern.
Foto: Ulrich Montfort*

den waren, noch für einige Zeit beibehalten werden. Durch die genannten Maßnahmen erhoffte sich die Bundesbahn erhebliche Einsparungen und damit verbunden eine drastische Senkung des alljährlichen Fehlbetrags von über 300.000 Mark.

Aus Reihen der Kreis- und Landespolitiker erhob sich erneut heftiger Widerstand gegen die Pläne der Deutschen Bundesbahn, die ihrerseits einen Weiterbetrieb der Strecke von Zuschüssen des Landes Baden-Württemberg abhängig machte. Außerdem wurde die Aufnahme der Schmalspurbahn in den Generalverkehrsplan gefordert. Das baden-württembergische Innenministerium lenkte schließlich ein und stellte einen Zuschuß für den Bahnbetrieb in Aussicht.

*Rechts: Ein Zug mit ausschließlich schmalspurigen Güterwagen war zwischen Mosbach und Mudau nicht alltäglich (99 7201 in Sattelbach).
Foto: Kast*

Modernisierungsmaßnahmen sollen das Überleben sichern

Mit Hilfe der finanziellen Zuwendungen durch das Land Baden-Württemberg war der Ankauf von zwei fabrikneuen Diesellokomotiven vorgesehen, während die vier vorhandenen Dampflokomotiven aus dem Unterhaltungsbestand der Bundesbahn ausscheiden sollten. Ferner stand eine Verbesserung des Oberbaues sowie die Sicherung von sieben Bahnübergängen durch Blinklichtanlagen zur Diskussion, um die Streckenhöchstgeschwindigkeit von 30 auf 40 km/h anheben zu können. Die Kosten für die genannten Maßnahmen wurden mit 955.000 DM veranschlagt.

Die durchaus begrüßenswerten Rationalisierungsmaßnahmen der Bundesbahn hatten jedoch auch ihre negativen Seiten. Da fortan mit nur einer Planlok gefahren werden sollte und die zweite Maschine lediglich als Betriebsreserve vorzuhalten war, mußte die Zahl der Personenzüge auf einen Zug in der Relation Mudau – Mosbach in der Frühe und einen Zug in der Gegenrichtung am Abend beschränkt werden. Zwischen diesen beiden Zugläufen war die Abwicklung des Güterverkehrs vorgesehen. Die Reduzierung des Schienenpersonenverkehrs auf nur noch ein einziges Zugpaar stieß verständlicherweise auf Widerstand, aber wollte man die Bahn noch für einen gewissen Zeitraum in Betrieb halten, so mußte dieser Nachteil in Kauf genommen werden.

Oben: Die wichtigsten Bahnübergänge hatten Anfang der 60er Jahre Blinklichtanlagen erhalten (99 7202 mit P 3084 am 21.3.1964 in Sattelbach).
Foto: Helmut Röth
Unten: Nach Verlassen des Bahnhofs Mosbach, wo am 19.7.1963 die 99 7201 mit einem gemischten Zug zu sehen war, lagen die Gleise der Schmalspurbahn direkt neben denen der Hauptbahn.
Foto: E.T. Honig

Noch vor der Genehmigung der Zuschüsse durch den Landtag von Baden-Württemberg gab es erneute Schwierigkeiten. So hatte die Hauptverwaltung der Deutschen Bundesbahn per 15. Januar 1960 eine Verfügung erlassen, die die Ausmusterung aller Lenkachspersonenwagen in Holzbauweise zum 31. Dezember 1962 vorsah. Mit dieser Verfügung stand praktisch der gesamte Wagenpark zur Disposition, fielen doch 15 der 16 Personenwagen unter diese Bestimmung. Die Direktion Karlsruhe richtete daraufhin ein Schreiben an die DB Hauptverwaltung mit der Bitte, die Ausmusterung der betroffenen Personenwagen vorläufig zurückzustellen. Dieser Antrag wurde im Oktober 1961 von der Frankfurter Verwaltung positiv beschieden, so daß die 15 betroffenen hölzernen Personenwagen vorläufig im Bestand verbleiben durften.

Ab Sommer 1961 traten das Land Baden-Württemberg und die Bundesbahndirektion Karlsruhe in konkrete Verhandlungen. Während einer Streckenbereisung im November 1961 stellte die Deutsche Bundesbahn noch einmal ihren Standpunkt bezüglich der geplanten Maßnahmen klar. So wurde eindeutig davon ausgegangen, daß der Schmalspurbetrieb nur noch so lange bestehen bleiben sollte, bis der Ausbauzustand der Odenwaldstraßen eine Gesamtstillegung zulasse bzw. eine Erneuerung des Oberbaues oder der Rollwagen erforderlich würde. Ferner habe man die finanzielle Hilfe des Landes ohnehin nur unter der Maßgabe angenommen, der Region helfen zu wollen. Auch bezüglich der Wagenproblematik wurde die Annahme des Zuschusses von Einschränkungen abhängig gemacht. Demzufolge sollte der Reiseverkehr nur solange aufrechterhalten werden, wie es der Wagenpark zulasse, ansonsten wäre eine Neubeschaffung von stählernen Personenwagen nur unter Bezuschussung durch das Land möglich. Einge-

In Höhe der Trapeztafel vor dem Bahnhof Limbach hatte die 99 7203 am 15.1.1964 einige Mühe, den Zug nach Mudau in Fahrt zu bringen.
Foto: Gerhard Moll

gangen wurde in diesem Zusammenhang noch einmal auf die schon Jahre zuvor immer wieder geforderte Umspurung der Strecke. Hierzu der Kommentar der Bundesbahn:

„Ihre Umspurung käme einem Kostenvoranschlag von 1958 zufolge mit Trassenverbesserungen auf H = 190 m auf weit über 8,5 Mill. DM (davon 3,5 Mill. DM allein für den Oberbau), ohne das Wirtschaftsergebnis zu verbessern."

In einem Vertrag vom 13. Juli bzw. 6. August 1962 wurde die Zusage des Landes, einen Zuschuß in Höhe von 845.000 DM zu zahlen, festgeschrieben. Im Gegenzug erklärte sich die Deutsche Bundesbahn bereit, die Mittel zweckgebunden für die Beschaffung von zwei Diesellokomotiven sowie für die Sanierung des Oberbaues zu verwenden. Auch für den Fall einer vorzeitigen Betriebseinstellung der Schmalspurbahn wurden entsprechende Vereinbarungen getroffen. So war dem Land ein Wertausgleich zu zahlen, sofern eine mögliche Betriebseinstellung vor Ablauf der Fahrzeugabschreibung erfolgen sollte. Alternativ bestand die Möglichkeit einer Übergabe der beiden Diesellokomotiven an das Land.

Bevor die geplanten Maßnahmen in die Tat umgesetzt werden konnten, meldete sich im September 1963 erneut die Hauptverwaltung der DB in Frankfurt zu Wort. In einem Schreiben wurde die seinerzeit erteilte Ausnahmegenehmigung für die hölzernen Lenkachswagen für abgelaufen erklärt, so daß die Verwendung der Wagen allerhöchstens noch für kurze Zeit bei einer Höchstgeschwindigkeit von 30 km/h möglich wäre. Ein Einsatz mit 40 km/h hinter den neuen Diesellokomotiven wurde mit folgender Begründung abgelehnt:

„Die Geschwindigkeit von 40 km/h reicht aus, um bei einem Unglück infolge der bekannten Zerstörungserscheinungen

Stilreiner Güterzug auf der Fahrt von Mosbach nach Mudau im Sommer 1963 mit der 99 7201 bei Sattelbach.
Foto: Kast

bei hölzernen Wagen Menschenleben stark zu gefährden. Wir können daher einer Weiterverwendung der z. Zt. eingesetzten hölzernen Schmalspurwagen auf längere Sicht nicht mehr zustimmen."

Nun trat der Fall ein, den die Bundesbahn vertraglich berücksichtigt hatte, nämlich die mögliche Stillegung des Personenverkehrs aufgrund eines abgewirtschafteten Wagenparks. Hierzu stellte die DB-Hauptverwaltung eindeutig fest, daß ein Fortbestand des Schienenpersonenverkehrs nur durch die Beschaffung stählerner Personenwagen auf Kosten des Landes Baden-Württemberg gesichert werden könnte. Veranschlagt wurde hierzu ein Bedarf von vier vierachsigen Personenwagen und eines Packwagens. Die Kosten für deren Herstellung in einem Ausbesserungswerk der Bundesbahn wurden auf 300.000 Mark beziffert.

Auf Länderebene wurden nun erneute Verhandlungen geführt. Da man seinerzeit die Modernisierung der Schmalspurbahn sowohl auf den Güter- als auch den schienengebundenen Berufsverkehr ausgerichtet hatte, mußte sich das Innenministerium zwangsläufig nochmals zu einem kräftigen Zuschuß bereiterklären. Später wurde die abhängig von der Zustimmung des Finanzausschusses gemachte Zusage durch den Finanzminister des Landes um 50% gekürzt, was von der Bundesbahn schließlich akzeptiert wurde. Wie bereits im Fall der beiden Lokomotiven sollte bei einer vorzeitigen Betriebseinstellung (die DB sah die Stillegung seinerzeit für das Jahr 1970 vor) ein Wertausgleich erfolgen oder

Die tiefstehende Abendsonne ließ die Proportionen der 252 901 gut zur Geltung kommen (Trienz, 14.5.1971). Foto: Heinrich Räer

Unten: Längsansicht eines 1965 gelieferten Vierachsers, der später zur Inselbahn Wangerooge gelangte.

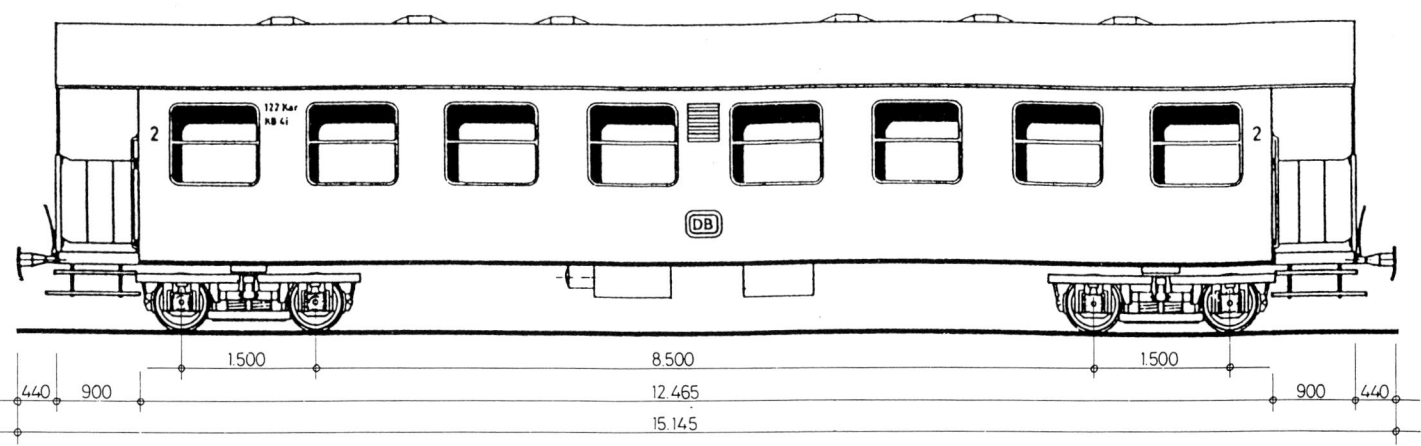

aber die Betriebsmittel an das Land zurückgegeben werden.

Zum Sommerfahrplan 1964 wurde vereinbarungsgemäß der Schienenpersonenverkehr mit Ausnahme der beiden Berufszüge auf Busbedienung umgestellt. Fahrplanmäßig verkehrte von nun an in den Morgenstunden ein Personenzug von Mudau nach Mosbach. Anschließend wurde ein Güterzugpaar bis Krumbach gefahren, später dann gegen 11 Uhr ein weiteres bis Mudau. Planmäßig wurde ein Packwagen beigestellt, der inoffiziell auch dem Reiseverkehr zur Verfügung stand. Den Abschluß des täglichen Bahnbetriebes bildete in den Abendstunden schließlich der Arbeiterzug nach Mudau. An Samstagen endete der Eisenbahnverkehr bereits am frühen Nachmittag, während an Sonntagen – wie schon seit einigen Jahren – Betriebsruhe herrschte.

Mit der Übergabe der ersten neuen Diesellokomotive durch die Firma Gmeinder am 24. Juni 1964 wurde der erste Schritt zur Modernisierung der Schmalspurbahn Wirklichkeit. Die mit der Betriebsnummer V 52 901 versehene vierachsige Drehgestellokomotive wurde unter großer Anteilnahme der Bevölkerung in Dienst gestellt. Wenig später folgte die zweite Maschine mit der DB-Nr. V 52 902, so daß mit Beginn des Winterfahrplans 1964/65 der Bahnbetrieb vollständig verdieselt werden konnte. Damit hatten die Dampflokomotiven aus den Anfangsjahren endgültig ausgedient. Die erste von ihnen wurde nach Fristablauf am 26. Oktober 1964 ausgemustert, die anderen folgten am 10. März 1965.

Am 26. September 1964 – bei strahlendem Herbstwetter – endete der Dampfbetrieb zwischen Mosbach und Mudau. Unter großer Anteilnahme seitens der Bevölkerung fuhr ein reich geschmückter Festsonderzug von Mudau nach Mosbach und zurück.

Bis zur Ankunft der neuen Reisezugwagen wurde der Bahnbetrieb mit einer Übergangslösung aufrechterhalten. Anstelle der alten Lenkachswagen hatte die DB nach Stillegung der Schmalspurbahn Nagold – Altensteig zwei vierachsige Stahlblechwagen nach Mudau umgesetzt, die nun gemeinsam mit dem vorhandenen Vierachser (Betr.-Nr. 0121) im Personenverkehr eingesetzt wurden.

Im Laufe des Jahres 1965 wurden auch die neuen Reisezugwagen angeliefert, so daß die Bahn fortan mit einem modernsten Fahrzeugpark betrieben werden konnte. Die alten Personenwagen, auch die 1964 von der Strecke Nagold – Altensteig umgesetzten Vierachser, wurden bald darauf ausgemustert und bis auf wenige Ausnahmen verschrottet. Erhalten blieben neben den Neubaufahrzeugen lediglich ein Packwagen für Reservezwecke, ein Hilfszug-Gerätewagen, acht Schmalspurgüterwagen und 16 Rollwagen.

Mit der Ablieferung der beiden Diesellokomotiven V 52 901 und 902 im Sommer 1964 wurde der Dampfbetrieb aufgegeben. Im September des gleichen Jahres begegnete dem Fotografen in Mosbach der einfahrende Personenzug aus Mudau. Foto: Illig / Sammlung Burkhard Wollny

Das Ende der Meterspurbahn Mosbach – Mudau

Das Beförderungsaufkommen geht zurück

Die Mitte der 60er Jahre durchgeführten Modernisierungsmaßnahmen mit Hilfe von Landesmitteln wirkten sich sofort positiv auf die Bilanzen der Bahn aus. Ein wichtiger Rationalisierungserfolg war zweifellos die Umstellung von Dampf- auf Dieselbetrieb. Auch die Reduzierung des Personalbestandes hatte tiefgreifende Auswirkungen auf die Wirtschaftlichkeit. Andererseits war jedoch das Angebot im Personenverkehr auf ein Minimum beschränkt worden. Mit einem einzigen noch verbliebenen Zugpaar hatte die Bahn weiter an Attraktivität verloren, auch wenn die Fahrzeiten durch den Diesellokeinsatz verkürzt werden konnten. Das weitere Abwandern auf die Straße war vorprogrammiert. Parallel verkehrende Buslinien entzogen der Bahn in den Folgejahren mehr und mehr die Fahrgäste. Beschleunigt wurde die Entwicklung durch den ständig zunehmenden Individualverkehr. Erneut fuhr die Bahn tief in die Verlustzone, – eine Entwicklung, die auch mit weiteren Einsparungsmaßnahmen nicht mehr zu kompensieren war.

Rückläufige Beförderungszahlen waren aber nicht nur im Personenverkehr zu verzeichnen, auch der Güterverkehr zeigte eindeutig abnehmende Tendenz. Trotz dieser Entwicklung führte die Bundesbahn den Eisenbahnbetrieb zwischen Mosbach und Mudau in nahezu unverändertem Umfang weiter. Weitere Einschränkungen wurden erst im Jahr 1970 bekannt, als im Rahmen der Stückgutreform sämtliche noch besetzten Betriebsstellen in unbesetzte Haltestellen umgewandelt wurden. Lediglich Limbach und Mudau blieben weiterhin als Agenturen bestehen.

Anfang des Jahres 1971 mehrten sich Stillegungsgerüchte. In der Tat hatte die Deutsche Bundesbahn zu diesem Zeitpunkt bereits den endgültigen Entschluß gefaßt, sich von der defizitären Schmalspurbahn zu befreien. Der jährliche Fehlbetrag war erneut auf eine Summe von etwa 350.000 DM angestiegen, verursacht vor allem durch eine selbstgeschaffene Konkurrenz in Form parallel führender Buslinien.

Es gab aber noch einen weiteren Grund, die Meterspurstrecke möglichst schnell stillzulegen. So sollte im Zusammenhang mit der Elektrifizierung der

Mosbach am 19.8.1972: Unmittelbar neben den Anlagen der Hauptbahn nahm die 27,6 km lange Meterspurstrecke ihren Ausgang. Die 252 902 war soeben damit beschäftigt, den morgendlichen Güterzug nach Mudau zusammenzustellen. Foto: Harald O. Kindermann

Nur wenig Bedeutung besaß die Station Robern. Um die gleichnamige Ortschaft zu erreichen, mußte der Bahnreisende immerhin einen 2 km langen Fußweg zurückzulegen. Im April 1959 rollte die 99 7204 mit einem gemischten Zug aus Mudau in den beschaulichen Bahnhof ein.
Foto: Reinhard Todt

Strecke Heidelberg – Heilbronn bis 1974 auch die Anschlußstrecke von Neckarelz über Seckach nach Osterburken mit Fahrdraht überspannt werden. Diesem Vorhaben stand jedoch die Überführung der Schmalspurbahn über die Hauptstrecke östlich von Mosbach im Weg. Dieser Engpaß ließ sich nur durch eine Anhebung des Brückenbauwerks oder eine Absenkung beider Hauptbahngleise erreichen. Eine Tieferlegung der Gleisanlagen (geschätzte Kosten etwa 100.000 Mark) wurde von Seiten der Bundesbahn aus angeblich technischen Gründen abgelehnt. Eine Höherlegung des Brückenbauwerks war dagegen durchaus machbar, ließ aber Kosten in Höhe von 280.000 Mark erwarten. Diesen hohen Betrag wollte die DB jedoch in keinem Fall investieren, so daß schließlich am 9. August 1971 das Innenministerium des Landes Baden-Württemberg über die geplante Einstellung der Schmalspurbahn benachrichtigt wurde.

Erwartungsgemäß wurde das Vorhaben der Bundesbahn von den betroffenen kommunalen Behörden heftig kritisiert. Mit Hilfe der Presse wurde eine gemeinsame Stellungnahme der Landratsämter von Buchen und Mosbach veröffentlicht und gegen die Pläne der Bundesbahn zu Felde gezogen. Mit dem Hinweis auf strukturpolitische und wirtschaftliche Probleme der südlichen Odenwaldregion wurde eine Beibehaltung des Schienenverkehrs zwischen Mosbach und Mudau gefordert. Dazu im einzelnen:

1) Die Nebenlinie Mosbach (Baden) – Mudau darf nicht eingestellt werden.
2) Es wird die Vorlage einer Wirtschaftlichkeitsberechnung gefordert unter Einbeziehung folgender Faktoren:
   a) die von der Deutschen Bundesbahn selbst getätigte Eigenkonkurrenz in Form des Omnibuslinien-, Schüler- und Berufsverkehrs durch Busse auf der Straße und
   b) die Kosten für die von den Industriebetrieben geforderten Überdachungen zum Umladen der Güter auf den als Ersatz angebotenen Ausweichbahnhöfen.
3) Die Deutsche Bundesbahn muß in ihre Berechnung mit einbeziehen, welcher Frachtkostenausfall entsteht, wenn aus

der verständlichen „Trotzreaktion" der betroffenen Industriebetriebe auch Wagenladungs-, Express- und Stückgutverkehr künftig direkt mit werkseigenen Lkw zu den Bestimmungsorten befördert wird.

4) Es wird gefordert, einen Vergleich des angeblichen Defizits dieser Strecke mit dem einer anderen (z.B. Mosbach – Osterburken) anzustellen.

5) Die Deutsche Bundesbahn wird außerdem aufgefordert, zu prüfen, ob die Tieferlegung des Gleiskörpers der Strecke Mosbach – Osterburken billiger wäre als die Anhebung des Überführungsbauwerks in km 2,711 im Zuge der Elektrifizierung dieser Strecke.

6) Die Deutsche Bundesbahn möge prüfen, ob folgende Maßnahmen zur Hebung der Wirtschaftlichkeit der Strecke Mosbach – Mudau vorgenommen werden können:
 a) Erhöhung der Fahrgeschwindigkeit,
 b) Einsatz der ständig in Mudau ungenutzt stehenden Ersatz-Diesellok und des Wagenmaterials für weitere Personen- und Güterzüge und
 c) personelle Überprüfung der Ausbesserungswerkstätte in Mudau und evtl. Abschluß eines Wartungsvertrages mit der Firma Gmeinder, Lokomotivfabrik in Mosbach.

Vorletzter Betriebstag der Schmalspurbahn Mosbach – Mudau am 1.6.1973; ein kleiner Blumenstrauß an der Pufferbohle kündet in Fahrenbach vom nahen Ende.   Foto: Gerd Wolff

Nur ein einziges Zugpaar verkehrte während der letzten Fahrplanperioden werktags!

565 Mosbach — Mudau und zurück

Ergänzende Busverbindungen: 5622 Mosbach–Mudau

2394 2.	2396 2.		km	Zug Nr BD Karlsruhe		2395 2.	
	d 13.45/a 17.50 ab		0	Mosbach (Baden) 560 ... an		x 7.20	...
..	) 14.00) 18.05		7	Lohrbach ...		) 7.06	...
..	) 14.07) 18.12		10	Sattelbach ...		) 6.59	...
..	) 14.12) 18.17		12	Fahrenbach ...		) 6.53	...
..	) 14.16) 18.21		14	Trienz ...		) 6.49	...
..	) 14.19 x 18.24		14	Robern ...		x 6.47	...
..	) 14.22) 18.27		16	Krumbach (Baden) ...		) 6.44	...
..	) 14.29) 18.34		19	Limbach (Baden) ...		) 6.37	...
..	) 14.35) 18.40		21	Laudenberg ...		) 6.31	...
..	) 14.46) 18.50		26	Langenelz ...		) 6.20	...
	d 14.50/a 18.55 an		28	Mudau ... ab		x 6.16	...

Weit weniger energisch ging das Innenministerium des Landes Baden-Württemberg gegen die Pläne der DB vor. Mit gewissem Entgegenkommen zeigte man durchaus Verständnis für die geplante Stillegung. Wie in einem Schreiben der Bundesbahndirektion Karlsruhe an die Hauptverwaltung der DB in Frankfurt vom 3. August 1972 zu lesen ist, habe das Innenministerium „... *mit Rücksicht auf die betriebswirtschaftlichen Vorteile, die die Einstellung des aufwendigen Betriebes der DB bringt, und im Hinblick auf die doch verhältnismäßig geringen Beförderungsmengen auf der Schiene seine Bedenken gegen die Stillegung zurückgestellt*".

Am 19. Dezember 1972 stimmte der Verwaltungsrat der DB der dauernden Einstellung des Gesamtbetriebs zu. Sogleich

Das verträumte Stationsgebäude von Langenelz bot am 27.5.1973 den Hintergrund für einen Fotohalt. Im Rahmen der bevorstehenden Stillegung nahm die Deutsche Gesellschaft für Eisenbahngeschichte (DGEG) an diesem Tag mit einem Sonderzug Abschied vom Odenwald-Express.

Foto: Günther Nimpsch

*Personenzug nach Mudau bei Langenelz am 26.5.1973.
Foto: Evert Heusinkveld*

*Zwei Jahre zuvor, am 14.5.1971, entstand bei Laudenberg die Aufnahme des Abendzuges nach Mudau. Schon damals war das einzige noch verbliebene Zugpaar nur schwach besetzt.
Foto: Heinrich Räer*

Im Jahr 1968, als diese Aufnahme eines von der V 52 902 geführten GmP an der Trienzbachbrücke zwischen Krumbach und Robern entstand, war der Güterverkehr noch recht gut ausgelastet.
Foto: Reinhard Wolf

wurde beim Bundesverkehrsministerium die Einstellung gemäß Bundesbahngesetz beantragt und nur einen Monat darauf, am 25. Januar 1973, bestätigte der Bundesminister für Verkehr die Einstellung der Strecke Mosbach – Mudau. Damit war das endgültige Aus für die Meterspurstrecke gekommen. Die offizielle Stillegung sollte mit Beginn des Sommerfahrplans 1973 erfolgen.

Die Stillegung

Während der letzten Betriebstage herrschte noch einmal Hochbetrieb, wie schon lange nicht mehr. Manch einer nutzte die Gelegenheit, ein letztes Mal mit dem „Bähnle" zu fahren. Starker Andrang herrschte am 31. Mai 1973, als zahlreiche Familien und Vereine es sich nicht nehmen lassen wollten, den „Vatertag" auf der Schmalspurbahn zu feiern. Das Fahrgastaufkommen war an diesem Tag so hoch, daß vier Zugfahrten eingelegt werden mußten. Einen Tag später bestand für die örtlichen Schulen die Gelegenheit zu einer Abschiedsfahrt. Da sich hierzu zahlreiche Schulklassen angemeldet hatten, mußte um 11 Uhr ein zusätzlicher Personenzug ab Mudau gefahren werden, so daß an diesem

Tag noch einmal beide Lokomotiven im Einsatz standen.

Einen Tag später war endgültig der letzte Betriebstag gekommen. Entsprechend bekränzt und mit Spruchbändern versehen, fuhr gegen 14.00 Uhr der letzte planmäßige Personenzug nach Mudau. In den Abendstunden ging es außerplanmäßig zurück nach Mosbach, um die Betriebsmittel dorthin zu überführen. In der Rhein-Neckar-Zeitung wurde am folgenden Montag, dem 4. Juni 1973, über diesen „sang- und klanglosen Abschied vom Bähnle" berichtet:

„Nach all dem, was in den letzten Monaten, Wochen und Tagen über die bevorstehende Stillegung des im Volksmund liebevoll genannten ‚Bähnle' oder ‚Odenwald-Express' geschrieben und lamentiert worden war, hätte die unwiederbringlich letzte Fahrt von Mosbach nach Mudau und zurück eigentlich einen etwas festlicheren Rahmen verdient gehabt. So wiesen auf das Ereignis, das bei ähnlich gelagerten Fällen in anderen Gemeinden Ansprachen von Bürgermeistern und anderen Honoratioren hervorgerufen sowie Musikkapellen auf den Plan gerufen hatten, nur ein weißes Schild an der Diesellokomotive mit der Aufschrift ‚Letzte Fahrt des Odenwald-Express', drei schwarze Fahnen und zur Belebung zwei große Fliedersträuße hin. Die Abschiedsfahrt zog noch einmal weit über 300 Eisenbahnliebhaber aus allen Teilen Süddeutschlands und zahllose Fotoamateure nach Mosbach. Die fünf kleinen Wagen – in den letzten Jahren meist nur noch sehr spärlich besetzt – waren am Samstag brechend voll; auf den offenen Plattformen stand man sich auf den Füßen und selbst der Packwagen mußte als Personenwagen dienen. Dann, Punkt 14.00 Uhr, ging es in Mosbach ab in Richtung Mudau."

Landschaftlich gesehen hatte die Bahn durchaus ihre Reize. Recht waldreich ist die Region zwischen Laudenberg und Limbach, wie es die Aufnahme vom 27.5.1973 zeigt.   Foto: Andreas Christopher

Personenzug 2394 nach Mudau in frühlingshafter Landschaft zwischen Limbach und Langenelz am 26.5.1973, kurz vor der Stillegung der Bahn.
Unten: Um die Betriebsmittel nach Mosbach zu überführen, verkehrte am Abend des 2.6.1973 noch ein außerplanmäßiger Zug. Wer bezahlt hatte, durfte die Gelegenheit zu einer allerletzten Eisenbahnfahrt durch den südlichen Odenwald nutzen.   *Fotos: Evert Heusinkveld*

Wenige Tage nach der Stillegung wurden sämtliche Personenwagen, der Packwagen 0172 sowie der Güterwagen 0186 in Mosbach verladen und für den Abtransport Richtung Norden vorbereitet. Das rasche Umsetzen des Fahrzeugparks auf die Nordseeinsel Wangerooge geschah auf Weisung der DB-Hauptverwaltung in Frankfurt und hatte später einige heftige Auseinandersetzungen mit der Landesregierung von Baden-Württemberg zur Folge. Dem Land wurde schließlich für die Waggons ein Wertausgleich gezahlt.

Die beiden Diesellokomotiven wurden von der Deutschen Bundesbahn vertragsgemäß an das Land Baden-Württemberg zurückgegeben, zumal sich im Bereich der DB keine weiteren Einsatzmöglichkeiten anboten. Die Maschinen wurden im Herstellerwerk Gmeinder umgespurt und einer Hauptuntersuchung unterzogen. Die V 52 901 ging später an die Albtalbahn, während die Schwesterlok bei der Kaiserstuhlbahn eine neue Heimat fand.

Um den Elektrifizierungsarbeiten auf der Hauptbahn nicht mehr im Weg zu stehen, wurde das Überführungsbauwerk mitsamt dem Streckengleis bis Mosbach schon kurz nach der Stillegung abgebaut. Um dem restlichen Streckenstück bis Mudau dieses Schicksal zu ersparen, kam noch im Sommer 1973 der Gedanke auf, einen historischen Zugbetrieb zwischen Lohrbach und Mudau einzurichten. Diese Pläne konnten jedoch nicht in die Tat umgesetzt werden, so daß schließlich sämtliche Gleisanlagen dem Abbau zum Opfer fielen. Heute befindet sich auf der alten Bahntrasse zwischen dem ehemaligen Haltepunkt Hasbachtal und Mudau ein Wanderweg, die sogenannte „Wanderbahn". In Mudau empfängt den Wanderer und Radler die Lok 99 7202, die – durch einen Unterstand geschützt – an längst vergangene Eisenbahngeschichte im südlichen Odenwald erinnern soll.

Die geplante Elektrifizierung der Hauptbahn Neckarelz – Osterburken war für die DB ein willkommener Anlaß zur Aufgabe der Schmalspurbahn. Damit ließ sich eine kostspielige Höherlegung der Nebenbahntrasse vermeiden. Einen Tag vor der Betriebseinstellung passierte ein Sonderzug aus Mudau das Brückenbauwerk.
Foto: Evert Heusinkveld

Vor Sattelbach zog die 252 901 am 1.6.1973 den letzten planmäßigen Güterzug in Richtung Mudau. *Foto: Evert Heusinkveld*

Von Mosbach nach Mudau

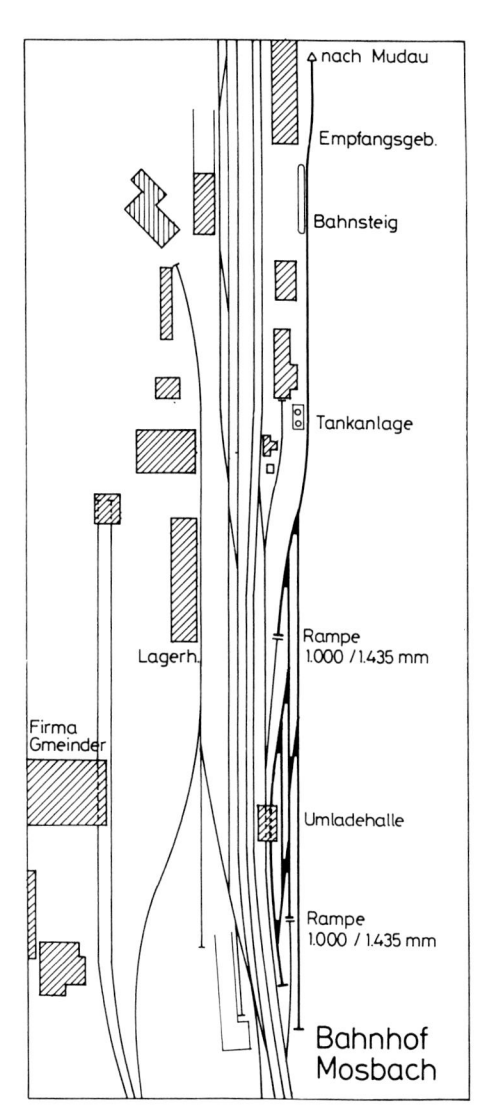

In Mosbach begann die Meterspurbahn nach Mudau in einem viergleisigen Schmalspurbahnhof südlich der Hauptbahn. Die dortigen Anlagen dienten ausschließlich dem Güterverkehr bzw. dem Abstellen von Güter- und Personenwagen. Den Übergang von Regel- auf Meterspur stellten zwei Rollwagenrampen her. Ferner bestand hier eine Umladehalle, vornehmlich für den Stückgutverkehr. Zum Umladen sperriger Güter waren ein großer Portalkran und eine Rampe vorhanden. Die Versorgung der Dampflokomotiven ermöglichte eine kleine Lokstation, die

Personenzug Mosbach — Mudau kurz nach der Abfahrt in Mosbach im Juni 1958. Für wenige hundert Meter benutzte die Bahn im weiteren Verlauf das Straßenplanum.
Foto: Reinhard Todt

anfangs über einen Lokschuppen verfügte.

Nach dem Verlassen des Güterbahnhofs passierte das Streckengleis in Richtung Mudau den zentralen Omnibusbahnhof, direkt neben dem Empfangsgebäude der Hauptbahn. Neben dem Gleis befand sich eine einfache Bordsteinkante mit einem dahinterliegenden leicht erhöhten Bahnsteig, der auch von den Bussen benutzt wurde. Auf der gegenüberliegenden Seite säumte eine inzwischen verschwundene Baumreihe das Gleis und bildete so eine Abgrenzung zur parallel verlaufenden Straße. Hier begann die Reise mit dem „Odenwald-Express" ins 27,5 km entfernte Mudau.

Zunächst ging es über den schmalen Bahnhofsvorplatz, wo sich Eisenbahn, Autoverkehr und Fußgänger auf dichtem Raum drängten. Unmittelbar danach führte das Gleis in Seitenlage der Straße in östliche Richtung. Nicht selten blockierten hier abgestellte Autos die Bahn, so daß Verspätungen keine Seltenheit waren. Später wurde das Gleis durch niedrige Bordsteine zur Straße hin abgegrenzt. Aber auch diese Maßnahme konnte manchen Autofahrer nicht hindern, das Gleis als Parkplatz zu nutzen.

Nach dem Verlassen des Straßenplanums näherte sich die Strecke der Hauptbahn Neckarelz – Osterburken, um dieser auf den nächsten zwei Kilometern unmittelbar zu folgen. Sie passierte einen Durchlaß, eine Flutbrücke, die Gewerbekanalbrücke und die Elzbachbrücke. In einem

---

*Oben: Manuelle Bekohlung der Lok 99 7204 in Mosbach im April 1959.   Foto: Reinhard Todt
Unten: Blick auf die Bahnanlagen in Mosbach im März 1962: Links befanden sich die Gleise der Hauptbahn, im Hintergrund der Güterschuppen und das Empfangsgebäude.   Foto: Gerd Wolff*

Der Zug nach Mudau hat den Bahnsteig in Mosbach verlassen und muß sich nun auf den folgenden Metern das Straßenplanum mit Fußgängern, Radfahrern und Autos teilen. Im Juni 1958 hatte der Verkehr jedoch noch längst nicht die heutigen Ausmaße.   *Foto: Reinhard Todt*

Bus und Schmalspurbahn teilten sich einen kleinen fußwegähnlichen Bahnsteig in Mosbach. Am 14.5.1971 stand die 252 901 zur Abfahrt nach Mudau bereit.
Foto: Heinrich Räer

leichten Bogen gewann die Schmalspurbahn mit Steigungen bis zu 1:40 bald an Höhe, bevor in km 2,7 die zweigleisige Hauptstrecke Heidelberg – Würzburg mit Hilfe einer auf zwei Pfeilern ruhenden Kastenträgerbrücke überquert wurde.

Weiter ansteigend ging es nun den Bergen entgegen. Bald zeigte sich der ganze Reiz der Landschaft des badischen Odenwaldes. Es folgte der Haltepunkt Hasbachtal (km 3,0), der anfangs über ein Ausweichgleis verfügte. Das noch vorhandene, vor einigen Jahren gründlich renovierte Stationsgebäude hatte bereits im Jahr 1965 ausgedient, als die kleine Bahnstation mangels Nachfrage aufgegeben werden mußte. Heute nimmt die „Wanderbahn" in Hasbachtal ihren Ausgang. Von hier aus kann praktisch der gesamte Streckenverlauf mit dem Fahrrad oder zu Fuß erkundet werden. Lediglich in den Ortschaften muß vielfach auf andere Straßen und Wege ausgewichen werden. Eine Hinweistafel am ehemaligen Halte-

Noch einmal ein Blick auf den Bahnsteig in Mosbach mit der 99 7204 von der Straßenseite aus gesehen. Im Hintergrund sind die Bahnanlagen der Hauptbahn zu erkennen. Ein Schmalspurpersonenwagen auf einem regelspurigen Transportwagen wartet offensichtlich auf die Überführung in ein Ausbesserungswerk.
Foto: Reinhard Todt (April 1959)

*Ausladende Täler und baumbestandene Höhen säumten den steigungs- und kurvenreichen Streckenverlauf zwischen Mosbach und Mudau. Am 1.7.1961 beförderte die 99 7204 den Zug 8082 bei Lohrbach.
Foto: Helmut Röth*

punkt gibt Auskunft über den früheren Streckenverlauf der Meterspurstrecke.

Hinter Hasbachtal führte das Gleis mit lang anhaltenden Steigungen von 1:40 aufwärts. Die kleinen Dampflokomotiven hatten hier hart zu kämpfen. Es war schon ein prächtiges Bild, wenn die schwer arbeitende Lok bald darauf mit langer Dampffahne in km 5,0 die Bieberklingenbrücke überquerte. Die heute noch vorhandene, auf drei hohen schlanken Pfeilern ruhende Kastenträgerbrücke war das einzige große Kunstbauwerk der Bahn.

Der nachfolgende Bahnhof Lohrbach (km 6,0) ermöglichte den bergfahrenden Zügen eine kurze Verschnaufpause. Bis hierher hatte der Zug immerhin schon eine Höhe von 103 m erklommen. Die Ausstattung des kleinen Bahnhofs bestand aus einem Kreuzungs- und einem Ladegleis. Das Ladegleis war über die Weichenverbindung hinaus verlängert und endete am Güterschuppen. Daneben stand das große, noch heute weitgehend unveränderte Empfangsgebäude.

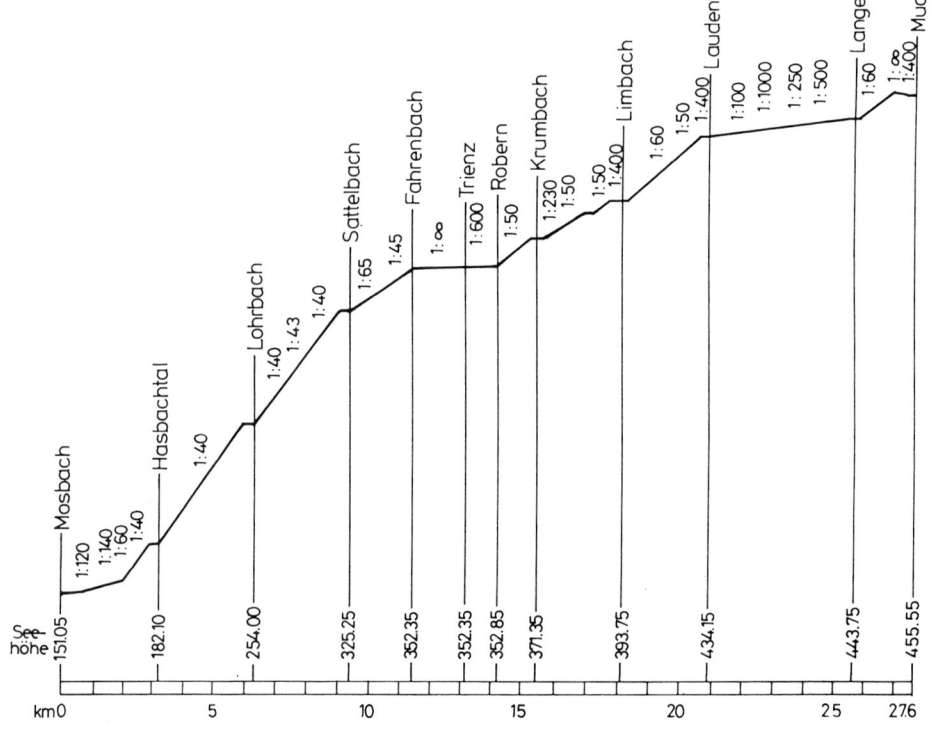

Die Talbrücke bei Lohrbach, auch Bieberklingenbrücke genannt, war der größte Kunstbau entlang der Strecke Mosbach – Mudau. Am 15.10.1963 befuhr die 99 7204 mit dem P 3091 in Richtung Mosbach das imposante Bauwerk.
Foto: Ulrich Montfort

Im weiteren Streckenverlauf ging es unvermindert bergan. Bis Sattelbach, der nächsten Station (km 9,2), waren weitere 71 m an Höhe zu gewinnen. Vom Zug aus genoß man derweil die reizvolle Landschaft des südlichen Odenwaldes.

In Sattelbach besaß die noch heute existierende Honigfabrik Reimuth ein Anschlußgleis. Das Wagenladungsaufkom-

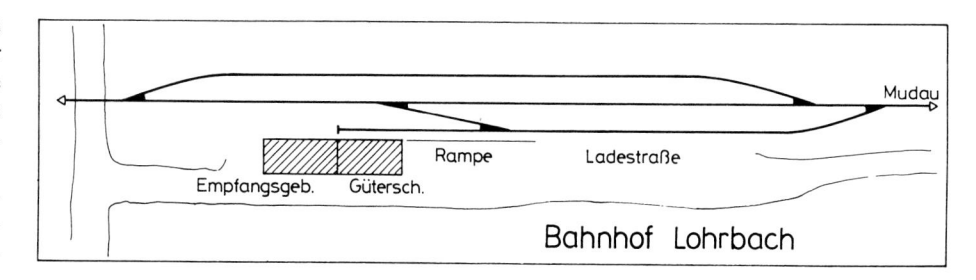

Bahnhof Lohrbach
Empfangsgeb. — Gütersch. — Rampe — Ladestraße — Mudau

men war stets bescheiden und war in den letzten Jahren des Bahnbetriebes vollständig zum Erliegen gekommen. Eine größere Bedeutung hatte dagegen der Holzumschlag, der zeitweise in nennenswertem Umfang auf dem langen Ladegleis abgewickelt wurde. Für den Holzversand war ein größerer Lagerplatz vorhanden, ähnlich wie auf fast allen Bahnhöfen entlang der Strecke. Das kleine Abfertigungsgebäude von Sattelbach steht noch an seinem Platz und wird seit einiger Zeit von einer Jugendgruppe genutzt.

Hinter Sattelbach ließ die bis dahin starke Steigung allmählich nach, sie betrug hier nur noch 1:65 bis 1:83. Hier oben, kurz vor dem Erreichen der Hochfläche, bot sich dem Fahrgast ein herrliches Bild auf die gegenüberliegenden Berghänge, während der Zug nach einer weiteren, aber kurzen Steigung von 1:45 den Bahnhof Fahrenbach (km 11,4) erreichte. Nach der vorausgegangenen anstrengenden Bergfahrt waren die Wasservorräte der Dampflokomotiven fast immer erschöpft und so mußte hier ein kurzer Wasserhalt eingelegt werden. Das Lokpersonal nutzte derweil die Zeit, um die Maschine einer kurzen Inspektion zu unterziehen. Fahrenbach war übrigens die einzige Wasserstation zwischen Mosbach und Mudau. Ansonsten war der Bahnhof nahezu baugleich mit der Station Lohrbach, verfügte über jeweils ein langes Kreuzungs- und Ladegleis sowie ein großes Empfangsgebäude mit Güter- und Bahnmeisterschuppen.

Oben: Die Bieberklingenbrücke aus anderer Perspektive; am 26.5.1972 stand die 252 902 im Einsatz. Foto: Heinrich Räer
Unten: Rangierhalt in Lohrbach am 30.9.1972: Um den Reisenden weitere Fahrtmöglichkeiten anzubieten, war der in Güterzügen mitgeführte Packwagen inoffiziell auch für die Personenbeförderung frei. Foto: Edwin Herkner

Durch die waldreiche Landschaft bei Trienz fuhr die 99 7202 mit einem gemischten Zug am 21.3.1964 dem Endbahnhof Mudau entgegen.
Foto: Helmut Röth

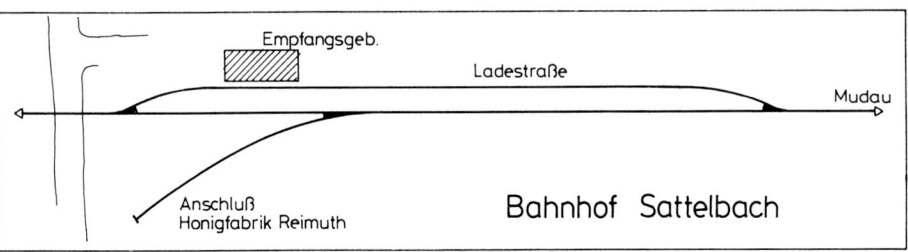

Einfahrt eines Personenzuges mit Güterbeförderung in die Station Trienz am 13.9.1963; den Zug führt die 99 7204.   Foto: Otto Blaschke

Bahnhof Sattelbach — Empfangsgeb., Ladestraße, Mudau, Anschluß Honigfabrik Reimuth

Güterzug bei der Durchfahrt durch den Bahnhof Krumbach am 1.6.1973, Zuglok war die 252 901. Foto: Gerd Wolff

Von Fahrenbach bis zur nachfolgenden Haltestelle Trienz verlief die Schmalspurbahn in nahezu ebener Streckenführung durch eine waldreiche Umgebung. Die dortige Bahnstation (km 13,0) besaß eine bescheidene Ausstattung. Neben einem kleinen, heute nicht mehr vorhandenen Stationsgebäude war ein nur einseitig angebundenes Ladegleis zum Lagergebäude der Badischen landwirtschaftlichen Zentralgenossenschaft (LZG) und zur Firma Scholl vorhanden. Anfangs besaß der Bahnhof auch ein Ausweichgleis.

Weit außerhalb der gleichnamigen Ortschaft befand sich in km 13,8 die Haltestelle Robern, deren Ausweichgleis nach 1950 ausgebaut wurde. Für die Roberner Bürger war eine Eisenbahnfahrt mit einem längeren Fußmarsch von gut 2 km verbunden und so stiegen hier stets nur wenige Fahrgäste zu. Für den Güterumschlag stand ein einseitig (ehemals beidseitig) angebundenes Ladegleis zur Verfügung, das ebenfalls kaum frequentiert wurde. Aufgrund der geringen Nutzung wurde der Tarifpunkt Robern bereits 1954 aufgehoben.

Auf den folgenden 500 m gab es keine Steigungen, doch hinter der Trienzbachbrücke (km 14,3), einer Kastenträgerbrücke mit Mittelpfeiler, ging es wieder mit 1:50 bergauf und in Krumbach (km 15,2) erreichte der Zug den wichtigsten

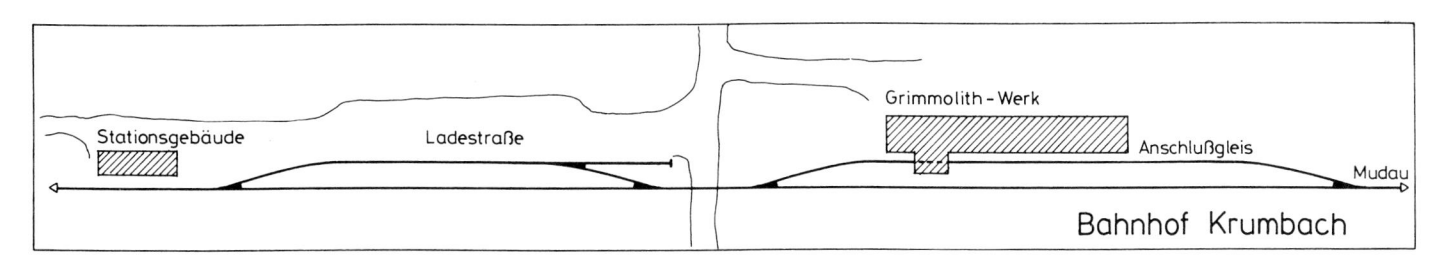

Bahnhof für den Güterverkehr der Schmalspurbahn. Regelmäßiges Frachtaufkommen garantierte hier bis zum letzten Betriebstag die Firma Grimm (Grimmolith-Werk), die werktäglich etwa 4-6 Güterwagen für den Versand von Leichtbauplatten stellte. Ferner erhielt das Unternehmen einen Großteil der benötigten Rohstoffe über die Schiene. Ohne Zweifel zählte die Firma Grimm zu den treuesten Bahnkunden im Odenwaldbereich. So wurden selbst mit dem letzten, am 1. Juni 1973 in Richtung Mudau verkehrenden Güterzug noch einmal zwei Wagenladungen zugestellt. Für das Ladegeschäft war ein zweiseitig angebundenes Privatanschlußgleis nördlich der Bahnhofsanlagen errichtet worden.

Der Bahnhof selbst verfügte über ein langes Ladegleis, das mit zwei Weichen an das Streckengleis angeschlossen war. Ferner war ein kurzes Stumpfgleis im nördlichen Bahnhofsbereich vorhanden. Das kleine Abfertigungsgebäude existiert nicht mehr. An seiner Stelle befindet sich heute ein Parkplatz.

Im weiteren Streckenverlauf wechselten mehrfach ebene Streckenabschnitte mit Steigungen bis zu 1:50. Fast 250 m hatte die Bahn bis hierher an Höhe gewonnen. Der nachfolgende Bahnhof Limbach (km 18,0) verzeichnete durch drei hier ansässige Lampenfabriken ein hohes Stückgutaufkommen. Für weitere Wagenladungen

Oben: Bereits am 1.6.1973, einen Tag vor der offiziellen Stillegung, befuhr letztmals ein Güterzug die Schmalspurbahn. Foto: Gerd Wolff
Unten: Das Stationsgebäude von Limbach am 25.9.1972. Foto: Edwin Herkner

Lampenschirme waren das Haupttransportgut der Bahn in Limbach. So mußte die 99 7202 an einem Apriltag im Jahr 1962 einen verlängerten Zwischenhalt einlegen, um das Ladegeschäft zu erledigen.
Foto: Reinhard Todt

Einen weiten Blick auf die Höhen des Odenwaldes gestattete die Kurve vor Laudenberg. Am 21.3.1964 stand die 99 7202 vor dem P 3084 nach Mudau im Einsatz.

Ebenfalls bei Laudenberg begegnete dem Fotografen der Personenzug 3082 (mit 99 7203). Fotos: Helmut Röth

*Bahnhof Laudenberg mit 99 7202 im Mai 1962: Damals war die Schmalspurbahn noch durchaus ein gefragtes Verkehrsmittel.
Foto: Reinhard Todt*

sorgte zeitweise ein Sägewerk in Bahnhofsnähe. Die Ausstattung der Bahnanlagen entsprach weitgehend jener des Bahnhofs Lohrbach. Ein großes Stationsgebäude mit Güterschuppen, jeweils ein langes Lade- und Kreuzungsgleis sowie ein weiteres Stumpfgleis genügten den Ansprüchen. Die Ausnahme bildete die Rollwagengrube mitsamt einer dritten Schiene im Bereich des Ladegleises. Mit Hilfe dieser Einrichtung ließen sich regelspurige Wagen absetzen, um die Rollwagen während dieser Zeit für andere Aufgaben nutzen zu können.

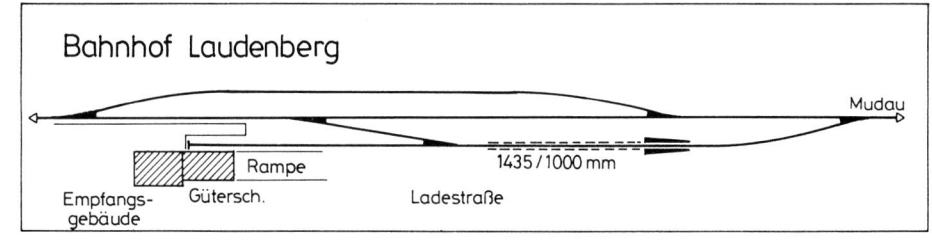

Mit einer ähnlichen Bahnhofsanlage – jedoch ohne Rollwagengrube und Dreischienengleis – war die folgende Station Laudenberg (km 20,8) ausgestattet. Bis hierher hatte die Bahn nochmals eine lang anhaltende Steigung mit Neigungsverhältnissen von überwiegend 1:60 zu überwinden und passierte kurzzeitig das Gebiet der

Heftig qualmend wartete die 99 7204 am 15.10.1963 vor dem P 3091 in Mudau auf Ausfahrt. Rechts im Hintergrund befindet sich das Stationsgebäude.
Foto: Ulrich Montfort

Gemeinde Scheringen. Im weiteren Verlauf führte die Meterspurbahn ohne nennenswerte Steigungen über eine waldreiche Hochfläche zum Bahnhof Langenelz (km 25,5), dessen zwei Ausweichgleise und das Stumpfgleis in den 50er Jahren ausgebaut wurden (wonach die Station zum Haltepunkt degradiert wurde).

Im Endbahnhof Mudau (km 27,5) befand sich das eigentliche Zentrum der Bahn mit großem Bahnhofs- und Verwaltungsgebäude, einem zweiständigen Lokschuppen mit Werkstatt, einem Wagenschuppen und großzügig ausgelegten Gleisanlagen. Mudau war ferner Sitz der örtlichen Betriebsleitung. Ähnlich wie in Laudenberg war das Ladegleis bis Ende der 60er Jahre mit einer Rollwagengrube und einem Dreischienengleis versehen. Für den Güterverkehr waren zwei Anschlußgleise für den örtlichen Landhandel und für die Badische landwirtschaftliche Zentralgenossenschaft (LZG) vorhanden. Zur Unterhaltung der Lokomotiven und Wagen bestand im nördlichen Bahnhofsbereich eine Werkstatt.

Nach der Stillegung der Schmalspurbahn blieben die Hochbauten weitgehend erhalten. Lediglich der Wagenschuppen im südlichen Bahnhofsbereich ist inzwischen abgerissen worden. Während sich der alte Lokschuppen auf der Nordseite in einem erbärmlichen Zustand befindet, erfuhr das Bahnhofsgebäude eine grundlegende Renovierung. Dabei wurde der angebaute Güterschuppen entfernt und an seiner Stelle eine Überdachung für die hier als Denkmal aufgestellte Dampflok 99 7202 errichtet.

Zwei Aufnahmen vom Rangierdienst in Mudau: Während auf dem oberen Foto (Reinhard Todt, Juni 1961) ein gemischter Zug nach Mosbach zusammengestellt wird, zeigt die untere Aufnahme (Gerd Wolff, März 1962) die 99 7204 bei der Bedienung des Lagerhauses am Streckenende.

Als die 252 901 am 14.5.1971 den Bahnhof Mudau erreicht hatte, war die baldige Stillegung der Bahn noch kein Thema. Foto: Heinrich Räer

Gut 2 Jahre später, am 1.6.1973, stand die 252 902 in Mudau bereit, um einen der letzten Reisezüge nach Mosbach zu befördern. Tags darauf wurde die Schmalspurbahn stillgelegt. Foto: Gerd Wolff

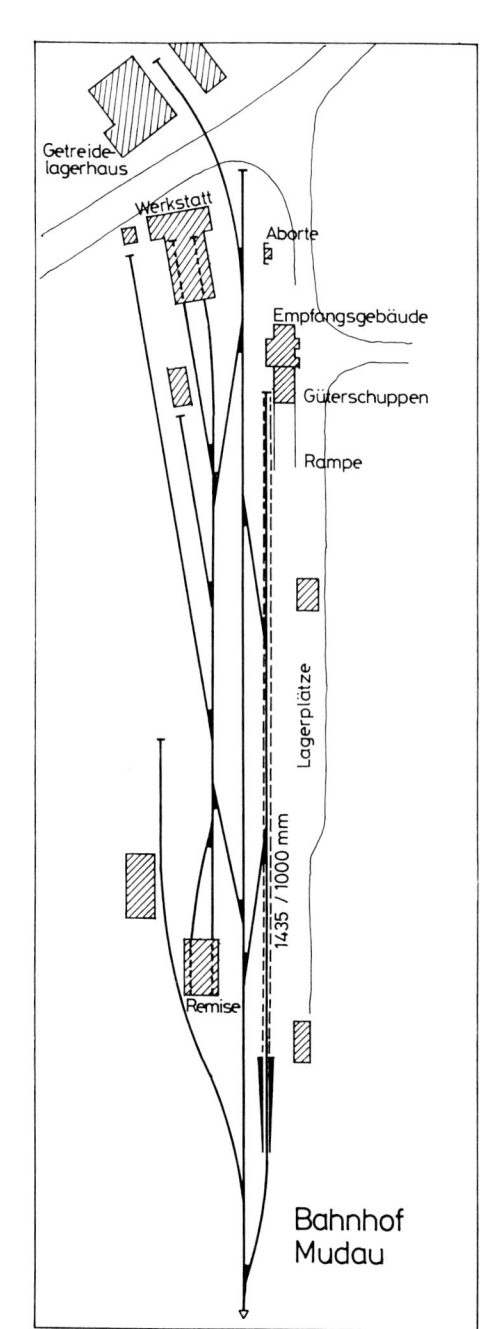

Das Empfangsgebäude mit Güterschuppen in Mudau am 1.6.1973. Foto: Gerd Wolff
Unten: Das Bahnhofsgelände in Mudau 15 Jahre später. Da, wo einst Gleise lagen, bietet sich ein trostloses Bild. Auch der ehemalige Lokschuppen ist in schlechtem Zustand. Das Stationsgebäude wurde vor einiger Zeit restauriert und dort, wo sich einmal die Laderampe befand, erinnert die 99 7202 mit wetterfester Überdachung an vergangene Kleinbahnzeiten. Foto: Wolfgang Clößner (Mai 1986)

Die Fahrzeuge des „Odenwald-Express"

Dampflokomotiven 99 7201 – 7204

Für die 27,5 km lange Schmalspurbahn Mosbach – Mudau waren insgesamt vier dreiachsige Tenderlokomotiven beschafft worden, die allesamt im Jahr 1904 von Borsig geliefert wurden. Mit den Betriebsnummern 1 - 4 (später 99 7201 - 7204) bestritten diese unverwüstlichen Maschinen bis zur Verdieselung nahezu 60 Jahre lang den gesamten Zugverkehr auf der topografisch schwierigen Nebenbahn. Lediglich zweimal mußten fremde Maschinen für kurze Zeit dem „Odenwald-Express" Hilfsdienste leisten.

Interessante Einzelheiten zu den Borsig-Lokomotiven schrieb Lokführer Gerhard Moll:

„1959 gab es in Mudau noch einen alten Lokführer, der sehr viel über seine Bahn zu berichten wußte. Alle möglichen Einzelheiten oder Besonderheiten zu den einzelnen Lokomotiven erzählte er mir, so, als wenn es gestern gewesen wäre. Nur von der sächsischen Fairlie-Lok 99 162 (von ihr wird später noch die Rede sein) wollte er nichts mehr hören! ‚Die uns dieses Ding geschickt haben, hätten es auch fahren müssen', meinte er. Durch ihn kam ich dann auch zu einer damals im Lokschuppen noch verwahrten Beschreibung der Borsig C-n2t. Hätte ich diese nur mitgenommen! Nach damaliger Regel schrieb man sich soetwas in Kurzform ab. Das lautete so:

Borsig Lokomotivwerke Berlin – Beschreibung der 3/3-gekuppelten Tenderlokomotiven für 1 m Spurweite der Nebeneisenbahn Mosbach/i. Baden – Mudau.

Die Lokomotiven sind von normaler Bauart und nach dem im Rahmeninneren mitgeführten Wasservorrat construiert und gefertigt. Die Lok ruht auf 3 Achsen, welche sämtlich gekuppelt sind. Die Hinterachse ist die Treibachse. Alle Achsen und Stangenlager sind aus bestem Rotguss und mit heute bestem Lagermetall ausgegossen. Die Stangenlager sind geteilt und nachstellbar ausgeführt.

Der Rahmen ist sehr kräftig ausgeführt und hat vorne und hinten starke Querbleche, welche die der Bahn entsprechenden Zug- und Stoßeinrichtungen tragen. Die Zylinder sind aus bestem Gußeisen, den neuesten Vorschriften der Preußischen Staatsbahn entsprechend gefertigt. Die Steuerung der Dampfmaschine erfolgt nach dem System Allan über Trick'sche Schieber. Die Schmierung der Dampfmaschine erfolgt durch den De'Limonschen Patent-Zentralöler vom Heizerstande aus.

Der Kessel der Lok ist von üblicher Bauart und hat dieser der geforderten großen Leistung auf der Bahn wegen eine besonders hierfür bemessene Rost- und Heizfläche erhalten. Der Langkessel besteht aus zwei Schüssen. Im Dampfdom befindet sich der bei der KPEV eingeführ-

Ablieferungszustand der Lok 1 (spätere 99 7201) auf einem Borsig-Werkfoto.
Foto: Sammlung Hesselink

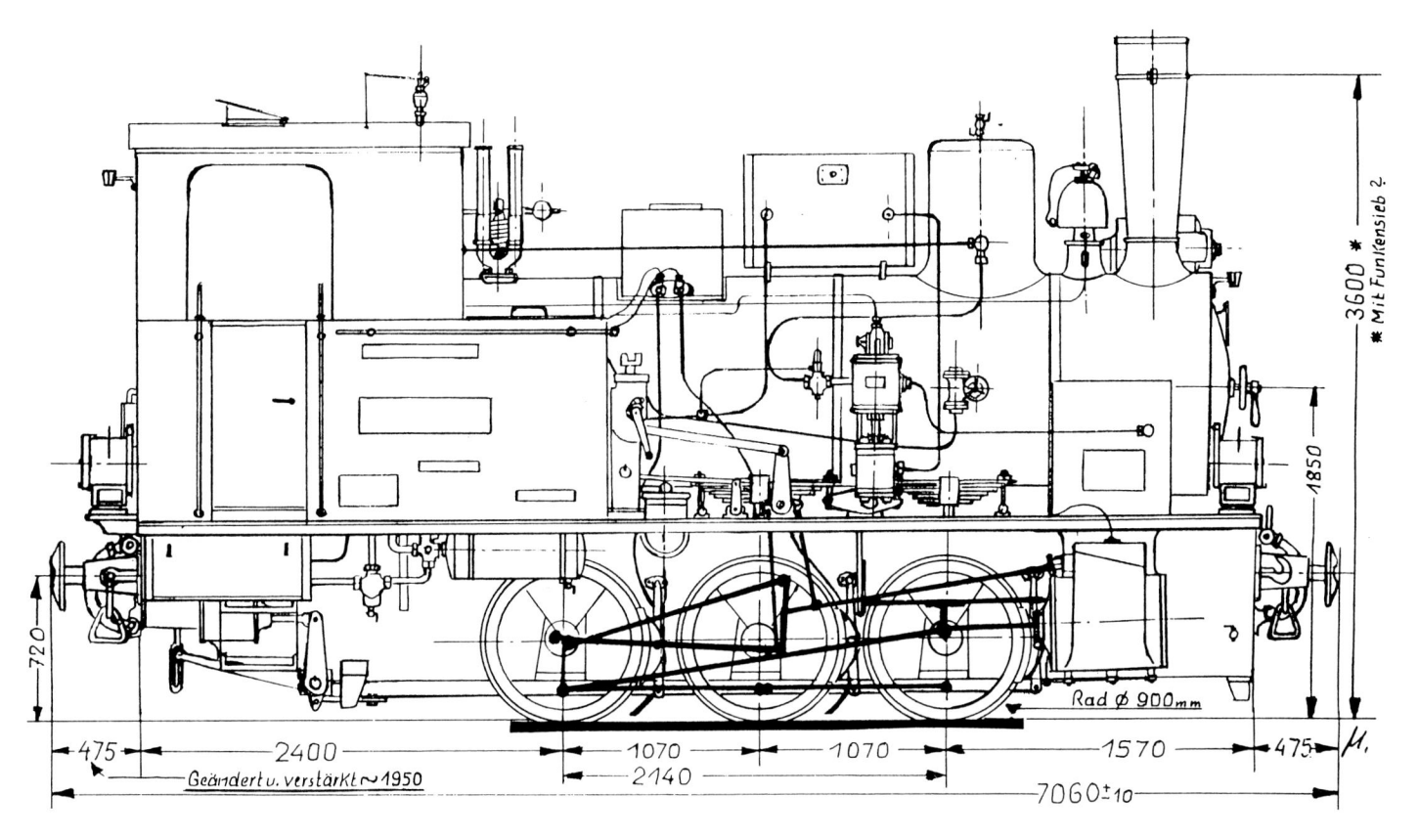

Zustand der Borsig-Lokomotiven 99 7201-7204 in den 30er Jahren. Die Bremsanlage speist eine kleine Westinghouse F8-8-Luftpumpe. Die Maße stammen aus der DV.939b und einer Handskizze der Rbd Karlsruhe von 1932.
Zeichnung: Gerd Moll

te Regulator mit Hilfsschieber. Ausgerüstet ist der Kessel mit allen vorgeschriebenen und neuzeitlichen Ausrüstungen resp. Armaturen. Zwei neuzeitliche Injektoren nach Schäffer und Budenberg'schem Patent fördern 80 Liter Wasser pro Minute. Zur Verhütung von Funkenauswurf besitzen die Lokomotiven den Holzapfel'schen Normalfunkenfänger, dazu den vom Besteller besonders geforderten Drahtkorb auf dem Kamin.

Die Lokomotiven besitzen die Exter'sche Wurfhebelbremse für die Lok und die Körting'sche Luftsaugbremse für den Wagenzug in ihrer neuesten Ausführung mit dem patentierten Doppelluftsauger und dem neuesten Führerbremsapparat.

Weiter sind die Lokomotiven mit den geforderten und heute üblichen Einrichtungen versehen, welche sind: Näßeinrichtung, Wasserstand mit Selbstschluß, Dampfläutewerk II, Laternen üblicher Art für Petroleum, Bahnräumer, Sandstreuer mit patentiertem Verschluß. Jeder Lok wird reichliches Werkzeug und die üblichen Gerätschaften mitgegeben.

Die Genehmigungsurkunden werden in 3-facher Ausführung zum Besteller zugesandt. Für die Lokomotiven wurden alle Materialien nach den derzeit gültigen Vorschriften der Kgl. Preuß. Staatsbahn in Anwendung gebracht. Ein sorgfältiger und dauerhafter Ölanstrich entspricht ebenfalls diesen Bedingungen.

Zu dieser Abschrift bliebe noch nachzutragen:

Natürlich wurden im Laufe der Jahre einige Änderungen vorgenommen. Wann

Probeheizen der 99 7202 nach einer L2-Untersuchung am 17.7.1961 im AW Offenburg.
Foto: Gerd Moll

die Körting'sche Saugluftbremse durch eine zunächst einfache Westinghouse-Bremse mit der einstufigen Luftpumpe Bauart F 8/8 1/2 ersetzt wurde, konnte nicht ganz geklärt werden. Die ältesten bekannten Bilder zur DR-Zeit zeigen die Loks schon mit der Westinghouse-Bremse.

Schon sehr früh (nämlich 1931/32) wurde die elektrische Lok- und Zugbeleuchtung eingeführt. Bekanntlich hat die Firma AEG ab 1928 einige Bahnen zu Versuchszwecken mit sehr kostengünstigen Lok- und Zugbeleuchtungen ausgerüstet. Die Strecke Mosbach – Mudau war dabei. Hier ging es um Vergleiche mit sogenannten Großturbogeneratoren mit 85 Volt / 5 KW und der kleineren Ausführung mit 24 Volt und 1,5 KW. Weitere Vergleichsbahnen waren die Kleinbahn Steinhelle – Medebach, die Reichsbahndirektion Dresden mit neuen K 579-Lokomotiven, die Trusetalbahn und zwei weitere, leider unbekannte Eisenbahnen. Diese großen Turbogeneratoren blieben bis zuletzt auf den Maschinen. Der Dampf- und Wasserverbrauch war sehr hoch. Wenn bei schweren Zügen neben der Heizung noch der Turbo laufen mußte, gab es oft Probleme mit dem Dampf und dem Wasser.

Es würde zu weit gehen, die einzelnen Änderungen an den Loks alle aufzuführen. Es ging ja meistens um Armaturen, die dem aktuellen technischen Stand angepaßt werden mußten. Schon 1947 sind zweistufige Luftpumpen von Knorr nachgewiesen, welche Ende der 50er Jahre nochmals durch die neuen DB-Luftpumpen Bauart Wüffel ersetzt wurden. Ansonsten blieb die Grundbauart der Loks immer erhalten.

Was diese Meterspurlokomotiven auf ihrer schwierigen Strecke geleistet haben, ist ziemlich einmalig. Fast täglich wurden sie bis zur Kesselgrenze gefahren. Nie werde ich die Mitfahrt auf dem Führerstand der Lok 99 7203 am 15. Januar 1964 mit dem Zug 3086 von Mosbach nach Mudau vergessen. Der Zug nahm ausnahmsweise noch zwei schwere Rollwagenladungen mit. Es war sehr kalt, es hatte geschneit. Als ich die Kollegen Meidötz und Götz um die Mitfahrt bat, waren diese zunächst nicht gewillt, meinen Wunsch zu erfüllen. ‚Wo willst Du denn stehen, wir haben ja kaum Platz', haben sie mich gefragt. Im Führerstand lag nämlich ein riesiger Kohlenberg. Nun wollte man einem Lokführerkollegen doch den – für sie sicher unverständlichen – Wunsch erfüllen, und kurz vor der Abfahrt stand ich höchst unbequem auf dem Kohlenhaufen. Abfahren!

Was sich nun auf der steilen Strecke abspielte, ist heute unvorstellbar! Die kleine Maschine tobte schlimmer als eine ihrer großen Schwestern. Dauernd mußte der Heizer die kleine Rostfläche mit großer Geschicklichkeit befeuern. Beim Fahren an der Kesselleistungsgrenze mußten die beiden Kollegen ihre Maschine genau kennen. Die Dampfentwicklung war sehr gut, der Wasserverbrauch aber sehr hoch. Mit

Typenaufnahme der Lok 99 7201 (ehem. Betr.-Nr. 1) im Juni 1958 in Mosbach. Die Lok ist als Denkmal bei Passau erhalten geblieben.
Foto: Reinhard Todt

Gut ausgeleuchtet stand die 99 7204 am 13.9.1963 in Mudau.
Foto: Otto Blaschke

den kleinen Injektoren mußte die Wasserzufuhr sorgfältig geregelt werden. Man hatte die Sache aber voll im Griff. Die kurzen Unterwegshalte wurden immer schnell dazu genutzt, den ‚Dampf- und Wasserhaushalt' zu ergänzen. Endlich laufen wir in Fahrenbach ‚am Wasser' ein. Das schlimmste ist hinter uns. Während die Lok Wasser nimmt, sehen die Kollegen das Triebwerk nach, – bei dieser gewaltigen Beanspruchung eine wichtige Aufgabe. Das Feuer wird überprüft und neu beschickt. Weiter geht die Fahrt nach Mudau, wo die Lok mit ihrer Fuhre einige Minuten vor Plan eintrifft. Nach einigen Rangierarbeiten fährt die Lokomotive in den Lokschuppen zu ihren drei Schwestern, – so, als wäre nichts gewesen.

Zum Anstrich der Lokomotiven konnte der oben genante Lokführer folgendes sagen:

‚Als Kind und junger Mann kann ich mich noch an einen dunkelgrünen Anstrich des Führerhauses, der Kohlenkästen und evtl. des Langkessels erinnern. Die Rauchkammer war schwarz, der Rahmen dunkelrot.'

Sehr wahrscheinlich waren die Lokomotiven schon bei der Verstaatlichung nur noch in der uns bekannten schwarz-roten Lackierung im Dienst. Das Triebwerk und die Armaturen waren sauber und blank. Da die Lokomotiven Nummern über 7000 erhielten, bekamen sie nie richtige Loknummernschilder aus Messing (oder später Alu). Nur die Schilder der Deutschen Reichsbahn, Rbd Karlsruhe, Bw Neckarelz waren bis in den Krieg hinein aus Messing. Lange hielt man die großen Borsig-Fabrikschilder blank. Zuletzt hatten nur noch die 99 7201 und 7203 solche Schilder.

Bis zur Verstaatlichung wurden die Lokomotiven in der Mudauer Werkstatt unterhalten. Dann wurden sie gemäß den bei der Reichsbahn gültigen Fristenplänen den Reichsbahnausbesserungswerken zugeteilt. Unterhaltungswerke waren: Werkstättenamt Aalen, Friedrichshafen, Raw/Aw Kaiserslautern und Offenburg. Größere Kesselarbeiten wurden gelegentlich in anderen Ausbesserungswerken ausgeführt, so z.B. Ingolstadt oder Esslingen. Im August 1958 heißt es z. B.: ‚Kessel aus Lok 99 7202 vom Aw Frankfurt-Nied nach L 4 mit Wasserdruckprobe auf Flachwagen als Dienstgut dem Aw Kaiserslautern wieder zugeführt.'

1931 wurden die vier Lokomotiven dem Bw Neckarelz als Heimatdienststelle übergeben. Mudau fungierte fortan als Lokbahnhof dieses Betriebswerks, dem auch alle Einrichtungen, Personale, Wagen usw. unterstanden.

Nach der Schließung des Bw Neckarelz um 1953 wurden alle maschinentechnischen Anlagen und die Fahrzeuge dem Bw Heidelberg zugeteilt. Mudau erhielt in den 50er Jahren die Bezeichnung ‚Bw Außenstelle'. Lange Jahre war das Maschinenamt Mannheim die oberste maschinentechnische Dienststelle für die vorgenannten Bahnbetriebswerke und somit auch für die Mosbach-Mudauer Lokomotiven zuständig."

Die sich abzeichnende Umstellung der Schmalspurbahn Mosbach – Mudau auf Dieselbetrieb führte zunächst zum Verkauf der Lok 99 7203, die bis zum 26.10.1964 in Mosbach stationiert war und ab 13.11.1964 auf der Albtalbahn zum Abbau der Schmalspurstrecke Busenbach – Ittersbach eingesetzt wurde. Ab 31.8.1965 war sie in Busenbach bzw. im städtischen Gaswerk Karlsruhe hinterstellt. 1978 wechselte sie als Leihgabe von der Albtalbahn zur Deutschen Gesellschaft für Eisenbahngeschichte (DGEG) und ab 2.3.1978 war sie im Schmalspurmuseum Viernheim zu besichtigen.

Die Wiederauferstehung der 99 7203 begann 1986, als sie an die Ulmer Eisenbahnfreunde übergeben und am 26./27. 11. 1986 nach Geislingen zur Aufarbeitung überführt wurde. Sämtliche Lokteile erfuhren eine gründliche Restaurierung. Die in neuem Glanz erstrahlende 99 7203 traf am 13.6.1990 in Amstetten ein und stand am 30.6.1990 erstmals wieder unter Dampf. Seither versieht sie den Museumsbahnbetrieb zwischen Amstetten und Oppingen.

Die anderen drei Dampflokomotiven sind als Denkmal erhalten geblieben. Während die Lok 99 7201 bei Passau auf einem Privatgrundstück hinterstellt ist, erinnert die Schwesterlok 99 7202 im ehemaligen Bahnhof Mudau an vergangene Zeiten. Die 99 7204 hat es dagegen in das oberbayerische Aichach verschlagen.

Der Lokschuppen in Mudau mit den Lokomotiven 99 7201 und 99 7204 im Juni 1961.
Foto: Reinhard Todt

Die technischen Daten
der Lokomotiven 99 7201 – 7204

Leistung	etwa 160 PS
Höchstgeschwindigkeit	30 km/h
Zylinderdurchmesser	320 mm
Kolbenhub	420 mm
Treibraddurchmesser	900 mm
Achsstand	2.140 mm
Kesseldruck	12 kg/cbcm
Heizfläche	47,15 qm (feuerberührt)
Rostfläche	0,77 qm
Rostlänge / -breite	1,103 / 0,698 m
Rohrlänge	2.865 mm
Rohrzahl	129 Stück
Leergewicht	18 t
Dienst- und Reibungsgewicht	23 t
Länge über Puffer	7.060 mm
Wasservorrat	2,4 cbm
Kohlenvorrat	0,95 t (1 t)
gebremste Achsen	3
Bremsklotzdruck	10,2 t

Belastung der Achsen im Dienst
mit 2/3 Vorräten:
1. Achse: 7,65 t
2. Achse: 7,70 t
3. Achse: 7,65 t

Die Fairlie-Lok 99 162 aus Sachsen

Mit den vier dreiachsigen Borsig-Lokomotiven war die Schmalspurbahn Mosbach – Mudau durchaus ausreichend bestückt, zumal das Verkehrsaufkommen all die Jahre keine nennenswerte Bedeutung erlangen konnte. Bei erhöhtem Frachtaufkommen erwiesen sich die kleinen C-Kuppler jedoch mitunter als recht schwach, so daß man durchaus an stärkeren Maschinen interessiert war. Eine derartige Lokomotive erhielt der Lokbahnhof Mudau völlig unerwartet Anfang April 1939. Dazu Gerhard Moll:

„Anfang 1939 kam es im Lokbahnhof Mudau wieder einmal zu einem Engpaß mit den Stammlokomotiven. Bei der 99 7203 konnten die Arbeiten nicht in Mudau ausgeführt werden, sie mußte ins Reichsbahnausbesserungswerk Aalen. Bei einer anderen liefen die Fristen bald ab, eine weitere hatte arg abgefahrene Bandagen. Mit Hilfe des Bahnbetriebswerks Neckarelz versuchte man den Betrieb einigermaßen am Laufen zu halten. Vom Bw Neckarelz hatte man schon über das zuständige Maschinenamt in der Reichsbahndirektion um eine weitere Lok nachgesucht. Bald kam die Nachricht, daß von der Rbd. Dresden eine vierachsige Lok für kurze Zeit in Aussicht gestellt worden sei.

Diese kam dann auch in den ersten Apriltagen in Mosbach an. Doch, was haben die Beteiligten damals für Gesichter gemacht, als diese hier völlig fremd wirkende Drehgestellok zum Abladen bereitgestellt wurde! Die Lok war nun da, und man mußte mit ihr fertig werden. Es kam sogar ein Kollege vom Bw Reichenbach im Vogtland, um auf die Besonderheiten der Vierzylinderlok hinzuweisen. Sie war vor ihrem Versand im Raw Chemnitz gewesen und hatte am 31. März 1939 eine Zwischenuntersuchung erhalten.

Nachdem man die Lok auf das Schmalspurgleis gesetzt hatte, wurde sie nach Mudau geschleppt. Bei dieser Fahrt wurde gleich geprüft, ob die doch recht große Maschine keine Profilbegrenzungen hatte. Bald erfolgte die Probefahrt vor einem Personenzug. Dabei mußte ein Zugbegleiter auf besondere Anweisung auf den Gefällestrecken zwei Handbremsen bedienen. Die Lok hatte ja nur eine Hand- und Dampfbremse, die aber recht kräftig wirkte. Ansonsten verlief die Probefahrt zufriedenstellend. Sie lief sehr ruhig, machte gut Dampf und leistete viel mehr als die Borsig-Cn2t. Sehr nachteilig war, daß die Lok eine Pintsch-Gasbeleuchtung hatte, welche man in Mudau nicht befüllen konnte.

Wegen der fehlenden Druckluftbremse blieb die Lok zunächst nur für Notfälle in Reserve. Inzwischen wurde vom maschinentechnischen Büro der Reichsbahndirektion Karlsruhe der Umbau auf Druckluftbremse genehmigt und verfügt. Die Lok wurde wieder verladen und dem Raw Aalen zugeführt. Bei den als L0-Ausbesserung bezeichneten Arbeiten erhielt die Lok vom 15. Mai - 4. September 1939 eine Westinghouse-Zugbremse und die in Mudau schon eingeführte elektrische Lok- und Zugbeleuchtung durch einen großen 85-Volt-Generator. Weshalb die Lok solange im Raw Aalen war, wissen wir heute nicht mehr.

Nach der Rückkehr nach Mudau blieb die Lok noch bis zum 4. April 1941 dort und hat zufriedenstellend ihren Dienst ver-

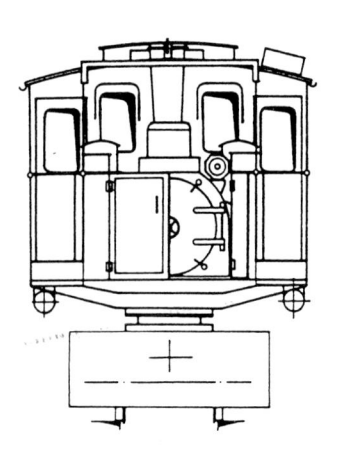

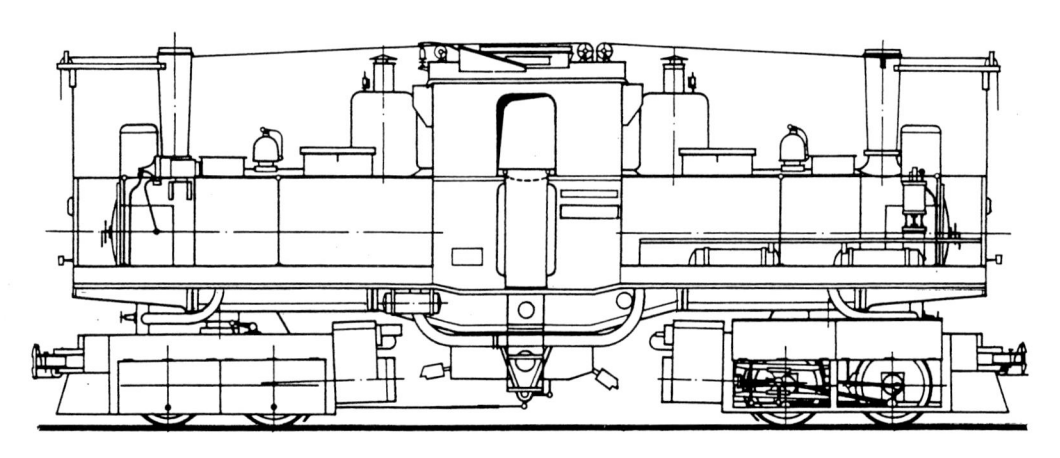

Zeichnung der 99 162, die von der Meterspurbahn Reichenbach – Oberheinsdorf von Sachsen nach Mudau kam.   *Zeichnung: Reinhard Taege*

Eine Rarität ist die Aufnahme der 99 162 in Mudau. Die sächsische Drehgestellok versah ab März 1939 kurzzeitig Zugdienste zwischen Mosbach und Mudau.
Foto: Sammlung R.P. Pavel

richtet. Trotzdem blieb sie beim Personal unbeliebt. Die kleinen C-Kuppler waren natürlich viel einfacher zu unterhalten. Der alte Fahrensmann schloß mit den Worten: ‚Bei der Lok war eben alles anders'.

Die Lok gibt es übrigens noch, – wenn auch in einem völlig anderen Zustand. Sie gehört zum Museumsbestand des Verkehrsmuseums Dresden und steht im Ilfelder Lokschuppen an der Harzquerbahn, zeitweise aber auch in Wernigerode. Der sächsische Fremdling stammte von der Meterspurstrecke Reichenbach – Oberheinsdorf und war mit der Betriebsnummer 99 162 in den Betriebsbestand der Deutschen Reichsbahn eingereiht. Die gemeinsam mit zwei weiteren bauartgleichen Maschinen im Jahr 1902 von der sächsischen Lokfabrik Hartmann in Chemnitz beschaffte Lok verfügte über einen Doppelkessel mit zwei Feuerbüchsen mit einem gemeinsamen Dampfdom (das war das Kuriose bei diesen Lokomotiven), der von einem in der Mitte liegenden Führerhaus bedient wurde. Mit zwei Dampfdrehgestellen ausgerüstet, war die Maschine in der Lage, selbst engste Radien bis 15 m anstandslos zu durchfahren. Ursprünglich waren die optisch recht ungewöhnlichen Lokomotiven über ihre gesamte Länge mit einem Schutzdach versehen. Ebenso verfügten beide Triebwerke aus Sicherheitsgründen über eine Vollverkleidung, da die Bahn Reichenbach – Oberheinsdorf (ähnlich einer Straßenbahn) auf längeren Abschnitten das Straßenplanum mitbenutzte. Vermutlich um 1922 erfolgte die Entfernung der Loküberdachung im Raw Dresden-Friedrichstadt. Damit wurde der von Anfang an immer wieder beklagten Wärmeentwicklung begegnet und somit dem Lokpersonal Erleichterung geschaffen."

Die Lokomotive 99 291

Im Frühjahr 1952 kam es in der Bw-Außenstelle Mudau erneut zu einem Engpaß in der Zugförderung, dessen Ursache nach Angaben von Gerhard Moll in einem hohen Schadlokbestand begründet war. So war eine der Stammlokomotiven durch Feuerbuchsschaden ausgefallen, eine andere stand zur planmäßigen Untersuchung an:

„Das zuständige Bahnbetriebswerk Neckarelz wandte sich an das Eisenbahn-Maschinenamt Heilbronn und forderte für Mosbach – Mudau dringend eine weitere ‚für dort verwendbare Meterspurlok' an (die Bahn gehörte zu dieser Zeit zur Eisenbahndirektion Stuttgart). Wie schon in früheren Jahren wurde bei der ED Mainz und beim Eisenbahn-Zentralamt (EZA) Göttingen um Hilfe gebeten. Die ED Mainz konnte – oder wollte keine der in die engere Wahl gezogenen preußischen T33-Lokomotiven abgeben. Diese besaßen – obwohl für den Zug eine Saugluftbremse vorhanden war – noch eine Luftpumpe für die Lokbremse. Ein Umbau auf eine einfache Druckluftbremse für Lok und Zug wäre also sehr einfach gewesen (wie z.B. bei der 99 044, die zur Aushilfe auf der Meterspurstrecke Nagold – Altensteig lief).

Über das EZA soll nun die Umstationierung der bei der ED Regensburg (Walhallabahn) abgestellten C-Tenderlok 99 291 verfügt worden sein. Diese Lok war im Juni 1911 unter der Fabr.-Nr. 4801 von O & K nach Frankreich an die Boulicault Tram Ardèche geliefert worden. Nach der Besetzung Frankreichs durch deutsche Truppen wurde die Lok 1944 der Organisation Todt zugeteilt und zur Inselbahn Wangerooge gebracht. In einem Schreiben des EZA Göttingen vom Dezember 1947, ‚An Dritte abzugebende Dampflok Teil 1, Schmalspurige' steht:

‚3/3 gek. O.u.Koppel-Lok, Baujahr 1911, Kessel Nr. 4801, K 337, 19,5 t Dienstgew., 12 Atü, Mittelachse spurkranzlos, Standort Rbd Hamburg, Bw Rothenburgsort, ohne Betriebsbuch.

Nachtrag: Vorerst kein Verkauf, gehört Rbd Münster für Rbd Regensburg vorgesehen, Meterspurlok (Raw Aalen).' Diese Angaben befanden sich im Kesselbuch der späteren, von Maffei gebauten Lok 30 der Hoya-Syke-Asendorfer Eisenbahn.

Die Lok kam dann Anfang 1949 zur Walhallabahn, hat dort aber kaum nennenswerte Dienste verrichtet. Nach einer gründlichen Hauptuntersuchung mit Umbau auf einfache Druckluftbremse, Westinghouse, einlösig mit zweistufiger Luftpumpe (EAW Aalen?), kam sie nach einer Probefahrt am 17. September 1952 auf der Mosbach-Mudauer Bahn zum Einsatz.

Die Lok war für den reinen Personenzugdienst gut geeignet. Sie lief weicher und ruhiger als die Stammlokomotiven. Für schwere GmP oder Güterzüge war sie jedoch nicht stark genug. Beim Personal wurde die Lok scherzhaft ‚Jumbo' genannt. Zeitweise hat sie wertvollen Ersatz für mal wieder ausgefallene Stammlokomotiven geleistet. Nachdem sich bei der Lokunterhaltung in den Ausbesserungswerken ab Mitte der 50er Jahre die Verhältnisse normalisiert hatten, wurde auch die Lok 99 291 nicht mehr gebraucht. Nach Ablauf der Kesselfrist wurde die mögliche Fristverlängerung nicht mehr durchgeführt, und am 22. Dezember 1955 wurde der Einzelgänger beim Bw Heidelberg ausgemustert, aber nicht zur Verschrottung freigegeben. Noch im Mai 1960 habe ich sie im Zentrallager Ingolstadt-Desching besichtigt. Die letzten Fristarbeiten mit einer Br. 3 führte das Bw Heidelberg am 22. April 1955 in Mudau aus."

Typenzeichnung der 99 291, die 1952 von der Walhallabahn nach Mudau kam.

Zeichnung: Gerhard Moll

Beschreibung der Lok 99 291:

3/3 gek. Naßdampflok mit Innenrahmen und normalem Lokkessel für 30 km/h und 160 PS Leistung, Heusinger-Steuerung auf Trick'sche Flachschieber wirkend. Zwei saugende Strube-Injektoren von ca. 80 Liter Förderleistung, hochliegendes Blasrohr, Hochhubsicherheitsventile Bauart O & K. Zylinder- und Schieberschmierung nach De'Limon'schem Patent (bei der DB umgebaut auf Ölpresse Michalk mit Ölsperren). Zylinderdurchmesser 310 mm, Kolbenhub 400 mm, Treibraddurchmesser 800 mm, Mittelachse spurkranzlos, Achsstand 1.790 mm, LüP 7.450 mm (Umbau DB). Kesseldruck 12 bar, Heizfläche 42,3 qm, Rostfläche 0,72 qm, Leergewicht 16,5 t, Dienstgewicht 19,5 t, Kohle 1 t, Wasser 1,9 cbm. Letztes Erhaltungswerk: Kaiserslautern.

(Anmerkung: Die Betriebsnummer 99 291 wurde der Lok in Zweitbesetzung verliehen. Es gab von 1943 bis 1945 eine 99 291, welche durch die Besetzung Luxemburgs zur DRG kam)

Ein Foto, das die 99 291 im Einsatz auf der Strecke Mosbach — Mudau zeigt, existiert nicht. Diese Aufnahme entstand am 18.5.1960 in Desching bei Ingolstadt, wo die Lok verschrottet wurde.

Foto: Wolfgang Kölsch (†)

Dampflokomotiven

Betr.Nr.	DR/DB-Nr.	Bauart	Hersteller	Baujahr	Fab.Nr.	Bemerkungen
1	99 7201	C-n2t	Borsig	1904	5324	ausgeliefert 2.6.1904, ausgemustert 10.3.1965, Denkmal bei Passau
2	99 7202	C-n2t	Borsig	1904	5325	ausgeliefert 3.6.1904, ausgemustert 10.3.1965, Denkmal in Mudau
3	99 7203	C-n2t	Borsig	1904	5326	ausgeliefert 20.10.1904, ausgemustert 26.10.1964, am 13.11.1964 an Albtalbahn, abgestellt 30.8.1965, am 1.3.1978 an DGEG-Schmalspurmuseum Viernheim, 1986 als Dauerleihgabe an Ulmer Eisenbahnfreunde (26./27.11.1986 überführt nach Geislingen zur Aufarbeitung), am 17.6.1990 Wiederinbetriebnahme auf der Museumsbahn Amstetten - Oppingen
4	99 7204	C-n2t	Borsig	1904	5327	ausgeliefert 20.10.1904, ausgemustert 10.3.1965, Denkmal in Aichach
-	99 162	B'B'-n4t	Hartmann	1902	2648	am 1.4.1941 leihweise von Reichenbach - Oberheinsdorf, am 4.4.1941 dorthin zurück
-	99 291	C-n2t	O & K	1911	4801	17.9.1952 von Walhallabahn, ausgemustert 22.12.1955, nach 1960 verschrottet

Für eine grundlegende Modernisierung des Zugdienstes zwischen Mosbach und Mudau sorgten unter anderem die beiden neuen Diesellokomotiven der Baureihe V 52. Am 14.5.1971 passierte die inzwischen umgezeichnete Lok 252 901 die Brücke über die Hauptbahn Neckarelz – Osterburken.

Foto: Heinrich Räer

*Typenfoto der Baureihe V 52, aufgenommen am 27.5.1973 in Mudau.
Foto: Evert Heusinkveld*

Die Diesellokomotiven der Baureihe V 52

Mit Hilfe von Landesmitteln wurden für die Nebenbahn Mosbach – Mudau zwei Meterspurdiesellokomotiven beschafft, die im Juni und Juli 1964 von der Firma Gmeinder ausgeliefert wurden. Es handelte sich hierbei um zwei vierachsige Drehgestellmaschinen, deren Konstruktion auf Plänen der Kieler Firma MaK beruhten und von der Mosbacher Firma Gmeinder lediglich in Lizenz gebaut wurden. Beide Maschinen gehörten einer Bauserie von insgesamt fünf Exemplaren an, die in den Spurweiten 750 und 1000 mm eine Modernisierung der noch bestehenden süddeutschen Schmalspurbahnen einleiten sollten. Interessanterweise erhielten die beiden Lokomotiven die gleichen Fabriknummern wie die 99 7202 und 7203, nämlich 5325 und 5326.

Als die erste Maschine im Juni 1964 abgeliefert wurde, berichtete die Presse in großer Aufmachung über dieses Ereignis:

„Die Maschinen- und Lokomotivfabrik Gmeinder & Co., Mosbach, hat am Mittwochmorgen gegen 10.00 Uhr die erste der beiden von ihr für die Nebenbahn Mosbach – Mudau gebauten Diesellokos der Bundesbahn als Auftraggeber übergeben, nachdem die schmucke Maschine auf dem Werksgelände bereits mit bestem Erfolg ihre ersten Schritte getan und an den Tagen zuvor noch den letzten Schliff erhalten hatte. Die dieselhydraulische Lokomotive vom Typ V 52 trägt die bahnamtliche Nummer V 52 901, ihre jüngere Schwester, die im Werk ihrer baldigen Fertigstellung entgegen geht, wird als V 52 902 geführt werden. Das von einem 65-t-Kran des Bahnbetriebswerks Kornwestheim besorgte Übersetzen der funkelnagelneuen, in frischem Rot ihres Aufbaues schimmernden 40-t-Diesellok auf das der B 27 entlangführende Nebenbahngleis war ein seltenes Schauspiel, das neben Vertretern des Mosbacher Werkes und der Bundesbahn auch zahlreiche Neugierige mit lebhaftem Interesse verfolgten."

Noch am gleichen Tag unternahm die neue Diesellok eine erste Probefahrt bis Sattelbach, gefolgt von weiteren Fahrten unter Belastung während der folgenden Tage. Nach Abnahme durch die Deutsche

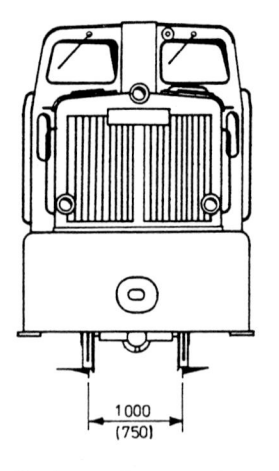

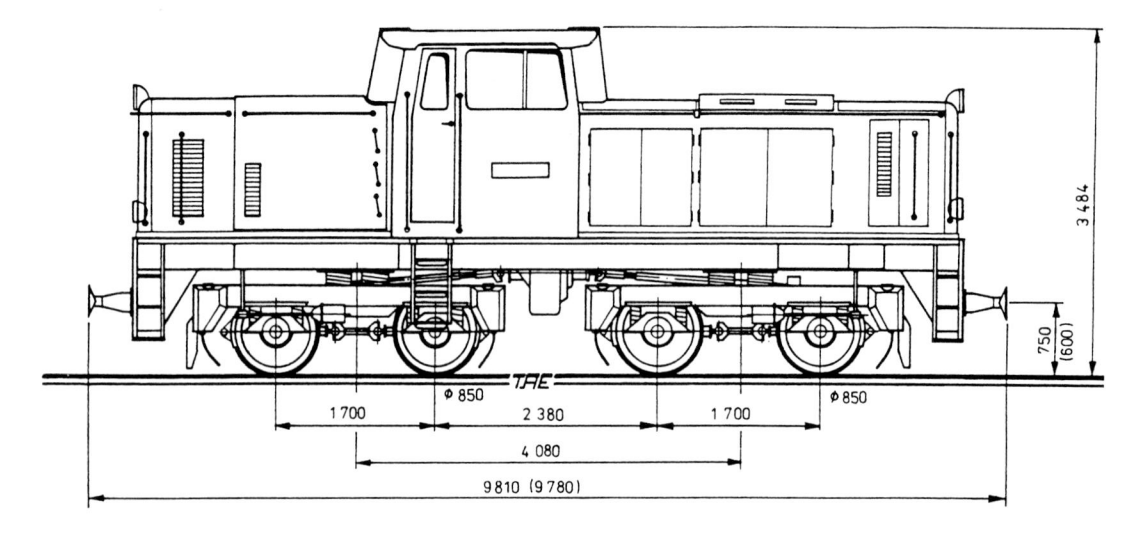

Zeichnung: Reinhard Taege

Bundesbahn wurde wenig später der Plandienst aufgenommen. Nach Ablieferung der zweiten Lok, einen Monat später, hatten die drei noch vorhandenen Dampflokomotiven ausgedient, blieben aber zunächst noch als Reservemaschinen bis zur Ausmusterung im Jahr 1965 im Bestand.

Mit monatlichen Laufleistung von 2.200 bis 2.400 km wurden beide Lokomotiven bis zur Stillegung der Schmalspurbahn im Juni 1973 abwechselnd eingesetzt, um eine gleichmäßige Abnutzung zu erreichen. Insgesamt gesehen haben sich beide Maschinen auf der steigungsreichen Schmalspurbahn gut bewährt.

Vereinbarungsgemäß verblieben beide Diesellokomotiven nach Aufgabe der Schmalspurbahn im Land Baden-Württemberg. Nach einem Umbau auf Regelspur diente die ehemalige V 52901 ab 1973 der Albtalbahn, während die V 52902 zur Kaiserstuhlbahn kam.

Inzwischen wurden beide Maschinen nach Italien verkauft. Die ehemalige 252 902 gehört heute der Firma Gleismac in Gazzodi Bigarello (bei Mantua). Nach Umbauten und Austausch von Teilen dreier Diesellokomotiven entstand aus ihr die D 1 der ligurischen Meterspurbahn Genova – Casella. Die 252 901 gelangte als T 7152 an die Baufirma Ventura in Paola und steht heute bei der FS-Kreisdirektion Reggio di Calabria im Einsatz.

Technische Daten der V 52 901 – 902

Achsfolge	B'B'
Raddurchmesser	850 mm
Länge über Puffer	9.780 mm
Gesamtachsstand	5.860 mm
Drehgestell-Abstand	1.700 mm
Anfahrzugkraft	12 Mp
Dienstlast	39 Mp
Reibungslast	39 Mp
Höchstgeschwindigkeit	40 km/h
Motorenausrüstung	MWM TRHS 518 A
Leistung	2 x 270 PS
Kraftstoffvorrat	1.710 Liter
Kraftübertragung	hydraulisch

Diesellokomotiven

DB-Nr.	Bauart	Hersteller	Baujahr	Fab.-Nr.	Bemerkungen
V 52 901	B'B'-dh	Gmeinder	1964	5325	1973 nach Umbau auf Normalspur an Albtalbahn (AVG), heute in Italien
V 52 902	B'B'-dh	Gmeinder	1964	5326	1973 nach Umbau auf Normalspur an Südwestdeutsche Eisenbahngesellschaft (SWEG) für Kaiserstuhlbahn, heute in Italien

Personenwagen

urspr. Nr.	DR/DB-Nr. bis/nach 1963	Bauart	Hersteller	Baujahr	Bemerkungen
1	037/0135	BCi (Bi)	Görlitz	1904	ausgemustert 1964
2	038/0136	BCi (Bi)	Görlitz	1904	ausgemustert 1965, als Bauhütte in Mudau noch vorhanden
3	039/0137	BCi (Bi)	Görlitz	1904	ausgemustert 1964
4	040/0138	Ci (Bi)	Görlitz	1904	ausgemustert 1964
7	041/0139	Ci (Bi)	Görlitz	1904	ausgemustert 1964
8	042/0140	Ci (Bi)	Görlitz	1904	ausgemustert 1964, an Privat verkauft
9	043/0141	Ci (Bi)	Görlitz	1904	17.3.1966 an DEV Bruchhausen-Vilsen verkauft (dort Nr. 14)
10	044/ -	Ci	Görlitz	1904	ausgemustert um 1954
-	- /0127	C4 (B4i)	Düsseld. Eisenbahnbedarf	1935	1964 ex Nagold-Altensteig (Nr. 3), ausgemustert 1965 (bei Firma Canali, Eberbach)
-	- /0128	C4 (B4i)	Düsseld. Eisenbahnbedarf	1935	1964 ex Nagold-Altensteig (Nr. 6), ausgemustert 1965, der Wagenkasten wird mit Drehgestellen aus Wangerooge durch die DGEG im Jagsttal wieder aufgebaut
-	015/0121	BC4i (B4i)	de Dietrich	1912	1943 aus dem Elsaß, ausgemustert 1965
-	018/0131	Ci (Bi)	MAN	1902	1952 von Walhallabahn, ausgemustert 1965
-	021/0132	BCi (Bi)	Esslingen	1891	1962 ex Nagold-Altensteig (Nr. 21), ausgemustert 1964, heute als Wagen 21 im Jagsttal
-	031/0133	Ci (Bi)	Esslingen	1891	1962 ex Nagold-Altensteig (Nr. 31), ausgemustert 1964
-	032/0134	Ci (Bi)	Esslingen	1891	1962 ex Nagold-Altensteig (Nr. 32), ausgemustert 1964 und an Privat verkauft
-	- /0122	B4i	Aw Karlsruhe	1965	1973 an Inselbahn Wangerooge (Nr. 0113)
-	- /0123	B4i	Aw Karlsruhe	1965	1973 an Inselbahn Wangerooge (Nr. 0114)
-	- /0124	B4i	Aw Karlsruhe	1965	1973 an Inselbahn Wangerooge (Nr. 0115)
-	- /0125	B4i	Aw Karlsruhe	1965	1973 an Inselbahn Wangerooge (Nr. 0116)
-	- /0150	BD4i	Aw Karlsruhe	1965	1973 an Inselbahn Wangerooge (Nr. 0117)

(Anmerkung: Die Gattungsangabe in Klammern bezieht sich auf den letzten Zustand vor der Ausmusterung bzw. vor dem Verkauf)

Packwagen

urspr. Nr.	DR-/DB-Nr. bis/nach 1963	Bauart	Hersteller	Baujahr	Bemerkungen
15	- / -	PwPost	Görlitz	1904	im 1. Weltkrieg requiriert, nicht zurückgekehrt
16	079/0181	PwPost (Pw)	Görlitz	1904	ab 1965 Gerätewagen 9669, dann 64 9669, dann 60 80 992 9922-4, 1973 an Selfkantbahn Geilenkirchen-Schierwaldenrath
17	080/0182	PwPost (Pw)	v. d. Zypen	1893	1922 ex Rhein-Ettenheimmünster (PwPost 12), 1965 ausgemustert, Aufbau als Gartenhaus in Mudau/Rumpfen
-	071/0172	Pw	Fuchs	1933	1973 an Inselbahn Wangerooge (Nr. 0163)

(Anmerkung: Die Gattungsanlage in Klammern bezieht sich auf den letzten Zustand vor der Ausmusterung bzw. vor dem Verkauf)

*Oben: Im Reiseverkehr zwischen Mosbach und Mudau kamen bis zur Anlieferung moderner vierachsiger Neubauwagen fast ausschließlich zweiachsige Personenwagen mit hölzernem Aufbau zum Einsatz. Links oben ist der Bi 021 (Esslingen) aus dem Jahr 1891 zu sehen, der 1962 von der Meterspurstrecke Nagold – Altensteig übernommen wurde, rechts der 1904 gebaute Bi 038 (Waggonbau Görlitz), der nach seiner Ausmusterung im Jahr 1965 als Bauhütte in Mudau endete.
Unten: 1952 gelangte der 1902 gebaute Bi 018 (MAN) von der Walhallabahn in den Odenwald, während der vierachsige B4i (de Dietrich) aus dem Elsaß stammte und 1943 hierher kam. Mit 52 Sitzplätzen war der Vierachser recht beliebt und stand häufig im Einsatz.*   *Fotos: Reinhard Todt*

Der Bi 043 (Waggonbau Görlitz, 1904) zählte zur Erstausstattung des Odenwald-Express'. Nach seiner Ausmusterung wurde der Wagen am 17.3.1966 an die Museumseisenbahn Bruchhausen-Vilsen — Asendorf verkauft, wo er heute als Nr. 14 fährt.   Foto: Reinhard Todt (Juni 1961)

Oben: Links der Innenraum eines der vier Neubaupersonenwagen 0122-0125 (Foto: IG Cuxhavener Eisenbahnfreunde, 1971), rechts eine Aufnahme des Neubauwagens 0150 mit Gepäckteil (Foto: Otto Blaschke, 1971).
Unten links: Kombinierter Post- und Gepäckwagen Pw 080 (van der Zypen, 1893); der Wagen wurde 1922 von der Kleinbahn Rhein – Ettenheimmünster übernommen. Sein Aufbau dient heute in Mudau als Gartenhaus.   *Foto: Reinhard Todt (1959)*
Unten rechts: Der 1894 von der MAN gebaute Gerätewagen 9668 (Aufnahme in Mudau) stammte von den pfälzischen Schmalspurbahnen. Foto: Gerhard Moll

Oben links: Der Ow 304 war für den Transport von Kohle, Holz etc. bestimmt und wurde um 1964 ausgemustert.   *Foto: Reinhard Todt (1959)*
Oben rechts: Am 1.6.1973 wurde der Gw 186 seines Wagenkastens beraubt, um das Fahrgestell anschließend für den Umbau in einen X-Wagen zu verwenden. Wenig später wurde das Fahrzeug nach Wangerooge überführt.   *Foto: Evert Heusinkveld*
Unten links: Für den Transport von Stückgut sowie nässeempfindlichen Gütern stand der Vierachser GG 124 zur Verfügung. 1971 erfolgte der Umbau in einen X-Wagen zum Einsatz auf Wangerooge.
Unten rechts: Offener vierachsiger Güterwagen OOp 232 am 16.4.1959 in Mosbach. Bereits 1962 wurde das Fahrzeug ausgemustert.   *Fotos: Reinhard Todt*

81

Gedeckter Güterwagen Gw 174 im April 1959 in Mudau (Foto: Reinhard Todt), rechts daneben der Gw 187 (Foto: Richard Schatz).

Güterwagen

Nr.	Bauart	Hersteller	Baujahr	Bemerkungen
124	GG	?	1907	1971 an Inselbahn Wangerooge (Umbau in XX 71065)
125	GG	?	1907	1971 an Inselbahn Wangerooge (Umbau in XX 71065)
138	GG	?	1907	1972 an Inselbahn Wangerooge (Umbau in XX 71040)
174	Gw	?	1903 ?	1961 ausgemustert
186	Gw	Rastatt	1903	1973 an Inselbahn Wangerooge (Umbau in X 064)
187	Gkw	Rastatt	1903	1971 an Inselbahn Wangerooge (Umbau in X 71076 II)
188	Gkw	Rastatt	1903	1971 an Inselbahn Wangerooge (Umbau in X 71077 II)
232	OOp	?	?	1962 ausgemustert
304	Ow	?	?	um 1964 ausgemustert
331	RR	?	1904	1971 an Inselbahn Wangerooge (Umbau in OO 71087)
332	RR	?	1904	1972 an Inselbahn Wangerooge (Umbau in OO 71050)
334	Hw	?	?	Verbleib unbekannt
338	Hw	?	?	Verbleib unbekannt, Wagen 334 oder 338 diente als Bahnhofswagen 1 in Laudenberg und wurde später ausgemustert
9401	G	MAN	1894	1950 als PwPost von der Pfalzbahn, Umbau in Gerätewagen 9668, 1965 ausgemustert
9650	Kranwagen	?	?	1965 ausgemustert
9651	Schutzwagen	?	?	1965 ausgemustert
9668	Gw	MAN	1894	ex pfälz. Schmalspurbahnen (Nr. 9401)
9669	G	Görlitz	1904	ex Pw 181, Umbau in Gerätewagen, 1973 an Selfkantbahn Geilenkirchen – Schierwaldenrath

Links: Schutzwagen 9651 mit Kranwagen 9650 im April 1959 in Mudau.
Rechts: Vierachsiger Rollwagen (Karlsruhe 9664) im November 1963 in Mosbach.   Fotos: Reinhard Todt

Übersicht über den Fahrzeugbestand

	1905	1908	1915/16	1928	1932	1935	1938	1963	1964	1965–73
Lokomotiven	4	4	4	4	4	4	4	4	4	2
Personenwagen	8	8	8	8	8	8	8	12	9	4
Post-/Packwagen	2	2	2	2	2	3	3	3	3	2
G-Wagen (7,5 t)	6	10				5	5	3	3	3
G-Wagen (5,0 t)	4	–				–	–	–	–	–
O-Wagen (7,5 t)	10	20				10	3	–	–	–
O-Wagen (5,0 t)	10	–	40	25		–	–	–	–	–
OO-Wagen (15,0 t)	4	7				7	3	2	2	2
GG-Wagen (15,0 t)	–	3				3	3	3	3	3
Bahnmeisterwagen	3	3							1	1
Rollwagen	–	–		6		10	10	16	16	16

Zu 1908: 14 G- und O-Wagen wurden von 5,0 auf 7,5 t umgebaut. Im Personenwagenbestand von 1963 und 1964 gab es einen Vierachser. Von 1965 bis 1973 waren die Personen- und Packwagen durchweg vierachsig. Im Bestand von 1938 sind zudem 1 Kran- und 4 Hw-Wagen verzeichnet.

Eisenbahnbücher aus dem Verlag Kenning
Hermann-Löns-Weg 4, D-48527 Nordhorn, Tel. 0 59 21/7 69 96 + 7 79 67, Fax 0 59 21/7 79 58

Kleinbahn Leer-Aurich-Wittmund
144 Seiten 21/30 cm gebunden, 16 Farb-, 197 SW-Fotos, 134 Skizzen, DM 49,80
   Trotz 100 km Streckenlänge kam die größte ostfriesische Schmalspurbahn nie über den Status einer Kleinbahn hinaus. Kleine B-Kuppler trugen lange Zeit die Hauptlast des Verkehrs, und auch der frühzeitige Einsatz von Triebwagen konnte den Niedergang nicht aufhalten. Dennoch ist „Jan Klein" unvergessen geblieben.

Kreisbahn Emden-Pewsum-Greetsiel
84 Seiten 21/21 cm gebunden, 17 Farb-, 73 SW-Fotos, 30 Skizzen, DM 29,80
   Kleinbahnatmosphäre in Reinkultur verkörperte die Schmalspurbahn von Emden durch die Krummhörn nach Greetsiel, die vom Fremdenverkehr und vor allem von der Landwirtschaft profitierte und zuletzt mit alten Triebwagen befahren wurde.

Die Amrumer Inselbahn
72 Seiten 21/21 cm gebunden, 66 Fotos, 20 Skizzen, DM 29,80
   Zwischen 1902 und 1939 führte auf Amrum eine Schmalspurbahn von Wittdün über Nebel nach Norddorf, die das Insel- und Strandleben prägte und eine kurze, aber wechselvolle Geschichte hatte.

Die Steinhuder Meer-Bahn
96 Seiten 21/21 cm gebunden, 18 Farb-, 122 SW-Fotos, 25 Skizzen, DM 29,80
   Die 52 km lange Schmalspurbahn von Wunstorf über Bad Rehburg nach Stolzenau hatte für die ländliche Region südlich des Steinhuder Meeres sowie für den Ausflugsverkehr eine große Bedeutung, wie auch der interessante Fahrzeugpark zeigte.

Die Kreis Altenaer Eisenbahn
136 Seiten 21/30 cm gebunden, 18 Farb-, 226 SW-Fotos, 124 Skizzen, DM 48,00
   Die Strecken Altena - Lüdenscheid (Rahmedetalbahn), Werdohl - Lüdenscheid (Versetalbahn) und Schalksmühle - Halver (Hälvertalbahn) der KAE werden hier mit vielen bislang unveröffentlichten Aufnahmen und detaillierten Zeichnungen dargestellt.

Schmalspurbahn Cranzahl - Oberwiesenthal
128 Seiten 21/30 cm gebunden, 37 Farb-, 137 SW-Fotos, 25 Skizzen, DM 48,00
   Die noch heute täglich mit Dampfloks befahrene Bahn zum Fichtelberg hat eine bewegte Geschichte. Markant sind u. a. die Wismutzeit, der umfangreiche Touristenverkehr und der frühe Einsatz starker 1E1-Loks. Ausführliche Beschreibungen und prächtige Fotos stellen die populäre Bahn dar.

Schmalspurbahn Grünstädtel – Oberrittersgrün
112 Seiten 21/30 cm gebunden, 15 Farb-, 175 SW-Fotos, 30 Skizzen, DM 48,00
   Seit über 25 Jahren existiert die Schmalspurbahn im Pöhlwassertal nicht mehr. Daß sie keine gewöhnliche sächsische Nebenbahn war, zeigt diese aufwendige Dokumentation ihrer Geschichte, Fahrzeuge und Bahnanlagen.

Schmalspurbahn Hainsberg – Kipsdorf
120 Seiten 21/30 cm gebunden, 22 Farb-, 175 SW-Fotos, 46 Skizzen, DM 39,80
   Gründlich überarbeitete Neuauflage des Buches „Die Weißeritztalbahn" und zugleich eine umfassende Chronik der dienstältesten Schmalspurbahn Deutschlands.

Schmalspur-Heizhäuser in Sachsen
80 Seiten 17/24 cm gebunden, 93 Fotos, 42 Skizzen, DM 29,80
   Eine technische und geschichtliche Beschreibung der Bahnbetriebswerke, Lokeinsatzstellen und Lokschuppen der sächsischen Schmalspurbahnen.

Das Schmalspurnetz Mügeln
96 Seiten 21/21 cm gebunden, 20 Farb-, 114 SW-Fotos, 25 Skizzen, DM 29,80
   Das Mügelner Netz mit den Endpunkten Neichen, Kroptewitz, Strehla, Döbeln, Lommatzsch und Meißen-Triebischtal wird hier umfassend beschrieben.

Das Schmalspurnetz Wilsdruff
96 Seiten 21/21 cm gebunden, 120 Fotos, 30 Skizzen, DM 29,80
   Eine kompakte Chronik des 100 km Länge umfassenden Wilsdruffer Netzes, das sich zwischen Freital-Potschappel, Meißen, Nossen und Frauenstein erstreckte.

Die Orlabahn Orlamünde – Pößneck
72 Seiten 21/21 cm gebunden, 16 Farb-, 65 SW-Fotos, 20 Skizzen, DM 29,80
   Eine interessante Geschichte hat die unscheinbare, von der Saalebahn Jena - Saalfeld abzweigende Nebenbahn nach Pößneck, die früher bis Oppurg reichte.

Straßen- und Kleinbahn in Pforzheim
176 Seiten 17/24 cm gebunden, 25 Farb- und 160 SW-Fotos, 15 Skizzen, DM 48,00
   Die Pforzheimer Straßenbahn und die Kleinbahn Pforzheim-Ittersbach mit ihren blau-weißen Fahrzeugparks und sehenswerten Streckenführungen sind noch heute stadtbekannt. Daneben verkehrte hier zeitweise auch der Obus.

Triebfahrzeuge der DR (Ost) 1945/46
80 Seiten 17/24 cm gebunden, 34 Fotos, DM 29,80
   Überarbeitete Neuauflage des Nachschlagewerks über den Triebfahrzeugbestand, der nach dem 2. Weltkrieg in der sowjetisch besetzten Zone verblieben war.

Mit Sack und Pack nach Pfaffenschlag
96 Seiten 17/24 cm gebunden, 19 Farb-, 77 SW-Fotos, DM 34,80
   Chronik der heute als Museumsbahn betriebenen „Bergstrecke" Lunz am See - Kienberg-Gaming der niederösterreichischen Ybbstalbahn.

Eisenbahnen im Harz (I)
120 Seiten 21/30 cm gebunden, 47 Farb-, 186 SW-Fotos, 25 Skizzen, DM 48,00
   Sehr abwechselungsreich ist das Eisenbahnnetz des Harzes, das als Ring um das Gebiet herumführt oder es als Nebenbahn erschließt. Die interessante Geschichte der unter Staatsbahnregie gebauten Strecken wird in diesem ersten Band dargestellt.

Eisenbahnen im Harz (II)
152 Seiten 21/30 cm gebunden, 48 Farb-, 280 SW-Fotos, 38 Skizzen, DM 59,00
   Geschichte der Halberstadt-Blankenburger Eisenbahn, Harzquer- und Selketalbahn, Südharz-Eisenbahn, der Kleinbahnen St. Andreasberg, Gittelde-Bad Grund und Ellrich-Zorge sowie zahlreicher Werksbahnen, illustriert mit zahlreichen sehenswerten Aufnahmen.

Der Berliner Außenring
144 Seiten 17/24 cm gebunden, 27 Farb-, 105 SW-Fotos, 76 Skizzen, DM 48,00
   Ein wichtiges Kapitel Berliner Verkehrsgeschichte ist der in den 50er Jahren geschlossene Außenring, dessen langwierige Entstehung, verkehrspolitische Bedeutung und technischen Besonderheiten hier ausführlich dargestellt werden.

Die Berliner Nord-Süd-S-Bahn
128 Seiten 17/24 cm gebunden, 125 Fotos, 29 Skizzen, DM 39,80
   Die Hintergründe der Entstehung in den 30er Jahren, die Stellung im einst geteilten Berlin und die heutige Bedeutung als Tunnelstrecke inmitten der Großstadt nahe der künftigen Zentren von Regierung und Wirtschaft wird hier prägnant beschrieben.